소 소 한 즐 거 움 이 있 는 핸 드 메 이 드
처음 만드는 가죽 팔찌

Lady Boutique Series No.2953 KAWAHIMO NO TEZUKURI ACCESSORY
Copyright ©2009 BOUTIQUE-SHA, INC.
All rights reserved.
Original Japanese edition published by BOUTIQUE-SHA, INC.
Korean translation rights ©2012 by Happy Dream Publishing co.
Korean translation rights arranged with BOUTIQUE-SHA, INC. Tokyo
through Botong Agency, Seoul, Korea

처음 만드는 가죽 팔찌

1판 1쇄 인쇄 2012년 10월 30일
1판 1쇄 발행 2012년 11월 5일

지은이 _ 우사미 에츠코, 메르헨 아트 스튜디오(www.marchen-art.co.jp)
옮긴이 _ 김수정
펴낸이 _ 정원정, 김자영
편집 _ 홍현숙
디자인 _ 김민정

펴낸곳 _ 즐거운상상
주소 _ 서울시 용산구 문배동 7-6 이안1차 102동 오피스 1003호
전화 _ 02-706-9452 팩스 _ 02-706-9458 / 전자우편 _ happywitches@naver.com
출판등록 _ 2001년 5월 7일
인쇄 _ 백산하이테크

ISBN 978-89-92109-95-6
ISBN 978-89-92109-69-7(세트)

* 이 책의 모든 글과 그림, 사진, 디자인을 무단으로 복사, 복제, 전재하는 것은 저작권법에 위배됩니다.
* 책값은 뒤표지에 있습니다.

소소한 즐거움이 있는 핸드메이드
처음 만드는 가죽 팔찌

my first leather accessory

A to Z

즐거운상상

contents

01 팔찌와 발찌

4줄 엮기
09

5줄 땋기
10

V자 6줄 엮기
11

평매듭
11

트릭 3줄 땋기
12

3줄 땋기
12

트릭 5줄 땋기
13

합장 매듭
13

02 목걸이

4줄 엮기
15

사슬 땋기
16

3줄 땋기
17

4줄 엮기
18

03 목걸이와 팔찌

좌우엮기 매듭
21

로프매듭
22

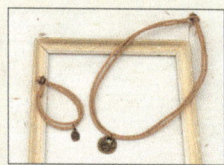
4줄 엮기
23

04 지갑체인

4줄 엮기
25

05 벨트

6줄엮기
26

06 넥홀더

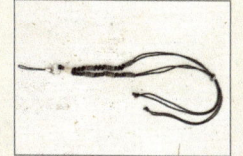
좌우엮기 매듭
27

07 키홀더와 스트랩

평매듭
28

6줄 땋기
29

4줄 땋기
29

4줄 엮기
30

4줄 땋기
31

4줄 둥근접이 매듭
31

Prologue _ 06
용구와 재료_ 32
기본 테크닉
| 엮는 법_ 34 | 땋는 법_ 37 | 묶는 법_ 40
| 매듭 법_ 44 | 트릭 땋기_ 46 |

prologue

가죽끈으로 팔찌와 목걸이 같은 액세서리를 처음 만들어보는 이들을 위한 책입니다.

가을 느낌이 물씬한 가죽 팔찌는 어떻게 코디하느냐에 따라

개성있는 스타일을 완성시키는 아이템으로 큰 인기입니다.

가죽의 가장 큰 장점은 역시 자연스러운 멋인 것 같아요.

가죽끈을 활용하여 엮기, 묶기, 매듭 등 기본적인 기법을 배울 수 있고,

이를 활용한 심플하고 베이직한 팔찌부터 개성을 더한 목걸이와 벨트 등

다양한 가죽 아이템을 만들어 볼 수 있어요.

어떤 스타일의 옷차림에도 잘 어울리고, 시간이 흐를수록 깊은 멋을

더하는 가죽 액세서리 만들기에 도전해 보세요.

01

팔찌와 발찌
Bracelet & Anklet

남녀 누구에게나 패션 필수 아이템이 된 팔찌와 발찌.
간단한 땋기를 활용하여 쉽게 만들 수 있어요.
매력적인 가죽 팔찌와 발찌로 자연스럽고 멋진 스타일을 연출해 보세요.

Bracelet_팔찌 ✳ 4줄 엮기

뚝딱 만들 수 있는 4줄 엮기 팔찌.
처음 시작한다면 꼭 권하고 싶어요.
여러 개를 겹쳐서 레이어드 하면
더욱 다양한 분위기를 낼 수 있어요.

How to make p.50

Bracelet_팔찌 ✳ 5줄 땋기

가느다란 가죽끈을 길게 땋아서
2줄 팔찌를 만들어 보세요.
내추럴한 색을 선택하면
피부색과 멋스럽게 어우러집니다.

How to make p.53

Bracelet_팔찌 ※ V자 6줄 엮기

6줄의 가는 끈을 이용하여
엮어가는 V자 6줄 엮기.
남성들에게도 인기 있는
짙은 색감의 디자인입니다.

How to make p.55

Bracelet_팔찌 ※ 평매듭

만드는 방법은 같아도
가죽끈의 굵기와 금속 장식을
조금 달리하는 것만으로
커플 팔찌가 완성되는 재미!
자연스런 커플룩으로
일상의 즐거움을 더하세요.

How to make p.56

Bracelet_팔찌 ✽ 트릭 3줄 땋기

세 줄로 자른 가죽끈을
트릭 땋기 기법을 활용하여 만든 팔찌.
물림쇠인 콘쵸의 디자인에 따라
더욱 다양한 스타일을 만들어 보세요.

How to make p.57

Bracelet_팔찌 ✽ 3줄 땋기

카렌실버가 포인트인
여성스런 디자인의 팔찌.
3줄 땋기라 간단하게 만들 수 있고
다양하게 활용할 수 있어요.

How to make p.59

Anklet_발찌 ※ 트릭 5줄 땋기

S자 물림쇠가 단단한 느낌을 주는 발찌.
선선한 가을, 가죽끈으로
발목의 멋을 더해 보세요.

How to make p.60

14

Anklet_발찌 ※ 합장매듭

앤틱골드 금속장식을 균일하게 배치한
멋스러운 디자인입니다.
좀 더 짧게 만들면 팔찌로도
활용할 수 있어요.

How to make p.61

15

16

목걸이
Necklace

베이직한 스타일부터 독특한 디자인까지
때와 장소에 따라, 옷차림에 어울리게 만들어 보세요.

17

Choker_초커 ※ **4줄 엮기**

목에 알맞게 감기는 목걸이 초커를 심플하게 4줄 엮기로 만들었습니다.
No. 18처럼 깔끔하게 만들어도 좋고,
No. 17이나 No. 19처럼 마음에 드는 참장식을 달아
나만의 개성을 만들어 보세요.

How to make p.62

Necklace_목걸이 ✽ 사슬 땋기

가느다란 가죽끈으로 사슬 땋기를 하여
금속 참장식을 달면 포인트 액세서리가 됩니다.
1줄로 자연스럽게, 또는 2줄로 볼륨감있게 연출해 보세요.

How to make p.64~66

20

21

Choker_초커 ✳ 3줄 땋기

3줄 땋기로 만드는 남성용 초커.
물림쇠가 앞으로 보이게 착용하면
포인트가 되는 디자인입니다.

How to make p.67

Lariat_래리어트 * **4줄 엮기**

가슴 언저리에서 부드럽게 흔들리는 앤틱 스타일 래리어트.
이것 하나만으로도 존재감이 넘치는 디자인입니다.
심플한 셔츠와 매치하면 더욱 돋보인답니다.

How to make p.68~69

> 03

목걸이와 팔찌
Necklace & Bracelet

가죽에 천연석이나 금속 참장식을 더하면
멋스러운 목걸이와 팔찌 세트가 됩니다.
통일감있는 코디를 완성해보세요.

Necklace & Bracelet_목걸이와 팔찌 ✽ 좌우엮기 매듭

가죽끈에 천연석을 더하면 한층 로맨틱한 분위기가 나요.
우아하고 여성스러운 목걸이와 팔찌 세트를 만들어 보세요.

How to make p.70~71

Necklace & Bracelet
목걸이와 팔찌 * 로프매듭

햄프끈을 이용한
로프매듭과 실버 소재의 조화가
군더더기 없이 절제된 디자인입니다.
간단히 만들 수 있지만
깔끔하면서도 세련된 분위기를
연출할 수 있습니다.

How to make p.72~73

Necklace & Bracelet_목걸이와 팔찌 * **4줄 엮기**

4줄 엮기로 만드는 유니크한 디자인의
2줄 목걸이와 팔찌 세트.
커플이 하나씩 나누어 착용해도 멋스럽겠죠?

How to make p.74~75

| 04 |

지갑체인
Wallet Chain

개성 강한 스타일의 필수품, 지갑체인.
완성해서 직접 착용해 보면 더욱 만족스러울 거예요.

Wallet Chain_지갑체인 ✱ 4줄 엮기

손때가 묻을수록 점점 더 멋스러워지는 것이 가죽의 매력이지요.
지갑체인을 만들어 색의 변화를 즐겨보세요.

How to make p.76

05

벨트
Belt

땋기에 조금 익숙해지면
길이감 있는 벨트에 도전해 보세요.

34

Belt_벨트 ✱ 6줄 엮기

니트나 린넨 등 내추럴한 소재의 옷들과 매치해 보세요.
약간 긴 술을 자연스레 두르는 것만으로도 세련되어 보인답니다.

How to make p.77

06

넥홀더
Neck Holder

카메라나 휴대전화를 걸어 사용하는 넥홀더.
매듭과 땋기를 활용하여 만들면
나만의 개성이 담긴, 멋진 패션 소품이 됩니다.

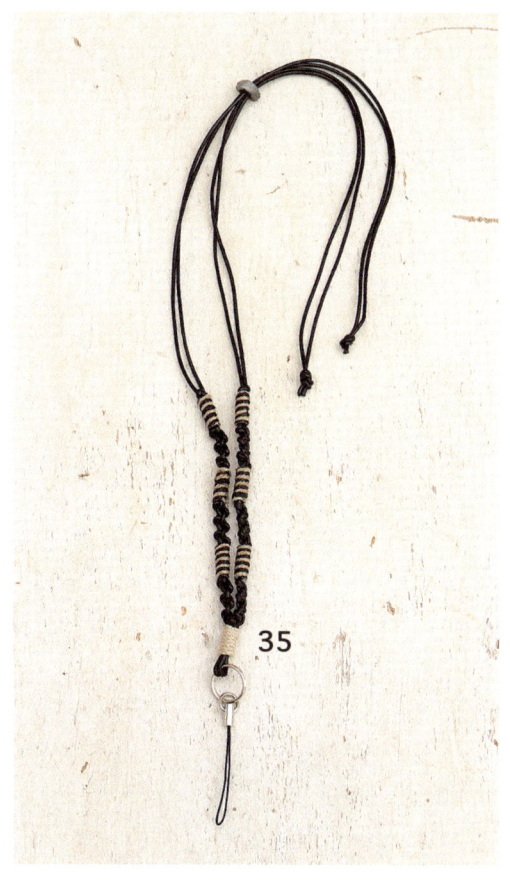

35

Neck Holder_넥홀더 ✱ 좌우엮기 매듭

자주 쓰는 아이템일수록
남과 다른 자신만의 스타일을 만들어 보세요.

How to make p.78

27

07

키홀더와 스트랩
Key Holder & Strap

간단하게 만들 수 있는 키홀더와 스트랩을
각기 다른 색으로 여러 개 만들어 가족과 친구에게 선물해 보세요.
실용적인 아이템이어서 더욱 좋아할 거예요.

Key Ring_열쇠고리
36,37 ✽ 4줄엮기, 38,39 ✽ 평매듭

열쇠고리로, 가방이나 청바지에 다는
장식품으로 또 다른 센스를 자랑해 보세요.

How to make p.79~81

Key Holder_키홀더 ✽ 6줄 땋기

땋을 때 힘의 세기를
균일하게 유지하는 것이 섬세하고
예쁜 모양을 만드는 포인트.
기품있는 컬러의 가죽 끈으로 만들면
오래 사용할수록 더욱 멋이 납니다.

How to make p.82

Key Holder_키홀더 ✽ 4줄 땋기

단색으로 세련되게,
혹은 자연스런 배색으로
비스듬한 줄무늬를 표현해보세요.
태슬장식이 캐주얼한 느낌이 납니다.

How to make p.83

Strap_스트랩 ✻ **4줄 엮기**

4줄 엮기로 만든 스트랩.
심플한 디자인이지만 가죽의 컬러와 참장식에 따라
다양하게 연출할 수 있어요.

How to make p.84~85

Strap_스트랩 ※ 4줄 땋기

달랑 달랑 흔들리는
귀여운 참장식이 포인트입니다.
실버 장식은 어떤 색깔의 가죽끈과도
잘 어울려요.

How to make p.86~87

Strap_스트랩 ※ 4줄 둥근접이 매듭

둥근접이 매듭 사이에
금속장식을 끼워 넣은
개성넘치는 디자인입니다.

How to make p.88

용구와 재료

마스킹 테이프
매듭을 시작할 때나 끈을 책상 등에 붙여서 고정시킬 경우에 필요합니다.

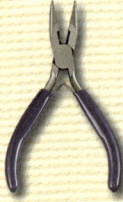
펜치
O링을 여닫을 때, 물림쇠를 눌러서 고정시킬 때 사용합니다.

클립
가죽끈을 임시로 고정할 때 씁니다.

본드
끈 끝을 처리할 때 씁니다.

줄자
끈의 길이나 작품 사이즈를 잽니다.

가위
가죽끈을 자를 때 사용합니다.

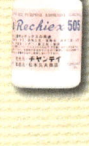
대나무 꼬치
본드를 바를 때 있으면 편리합니다.

커터칼
가죽끈에 자른선을 넣을 때 씁니다.

송곳
가죽끈에 구멍을 낼 때 씁니다.

코르크판
코르크판을 사용할 때, 마크라메 핀을 꽂아서 가죽끈을 고정합니다. 압정으로 대체해도 됩니다.

커팅매트
커터칼로 가죽끈을 자를 때 깔고 사용하세요.

스테인리스 자
끈의 길이를 잴 때 씁니다. 또 가죽끈을 커터칼로 자를 때도 사용합니다.

금속 부품
참장식이나 물림쇠, 비즈 등 앤틱한 스타일의 멋진 부품을 작품에 맞춰서 마음에 드는 것을 골라보세요.

비즈
천연석이나 유리 등 여러 가지 소재와 크기의 비즈가 있습니다. 작품에 어울리는 것으로 골라 디자인에 액센트를 주세요.

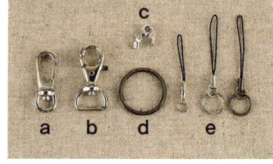
그 외 부재료
지갑체인이나 열쇠고리, 휴대전화 스트랩을 만들 때 꼭 필요한 부자재들입니다.
a 키홀더　b 랍스터 고리　c 조인트
d 키링　e 휴대폰 고리

내추럴　브라운　블랙　그린　레드　화이트

보태니컬 가죽 – 15mm

가죽끈 & 햄프끈

보태니컬 가죽 _ 국내산 가죽을 식물성 타닌으로 무두질하고 염료만으로 착색한 고급 천연피혁재료. 탄력있는 부드러움과 윤이 나는 부드러운 가죽은 땋거나 엮을 때 가장 적합합니다.(폭 : 2mm, 3mm, 5mm, 15mm)

※ 보태니컬 가죽은 쓰면 쓸수록 손때가 묻고 투명한 황갈색으로 변해가는 가죽의 변화를 즐길 수 있습니다. 가죽끈은 물이 묻으면 색이 빠지고 다른 옷 등에 물들 염려가 있으므로 젖지 않도록 신경써 주세요.
※ 15mm는 내추럴, 브라운, 블랙의 3색
※ 15mm에는 자른선이 들어간 트릭땋기용도 있습니다.

다크레드　블랙

다크브라운　내추럴

다크브라운　블랙

버프가죽끈
베이직한 색상 변화가 매력적입니다. 그 외에 내추럴, 샌드, 카라멜, 다크브라운, 다크그린, 네이비, 그레이의 전체 9색. (굵기:1.5mm, 2mm, 3mm의 3타입)

※3.0mm는 내추럴, 다크브라운, 블랙의 3색임.

빈티지가죽끈
가죽끈에 빈티지 가공을 하여 오래 사용한 것 같은 느낌을 줍니다. (굵기 1.5mm, 2mm, 2.5mm)

벨루어가죽끈
가죽에 털을 입힌 끈입니다. 사용할수록 친근해지는 가죽끈입니다. (굵기 1.5mm, 2mm, 2.5mm)

햄프끈
마의 한종류인 대마로 만들어진 햄프끈은 피부에 닿는 느낌이 좋고 친환경적인 소재입니다. 굵기는 얇은 것, 중간 것, 굵은 것이 있고 다양한 색이 있으니 작품에 맞춰 선택하세요.

기본 테크닉
Basic Skills

엮는 법

● **4줄 엮기** | 4줄의 가죽끈을 엮습니다. 오른쪽과 왼쪽에서 안쪽을 향해 가죽끈을 넣습니다. '쉬고 있는 가죽끈을 다음에 엮는다'라고 기억하면 좋아요. 납작한 가죽끈을 사용할 때에는 늘 가죽끈의 겉(앞면)이 보이도록 주의하며 엮어주세요.

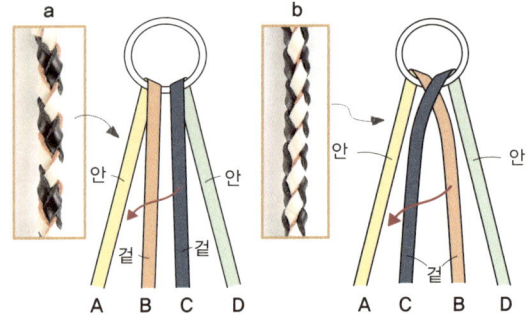

1 a형은 가죽끈을 4줄로 펼쳐놓고 양쪽 끝은 뒷면이 보이도록 놓는다. 중앙의 2줄(B,C)을 교차시킨다. b형의 시작은 C, B를 교차한 상태에서 시작한다.

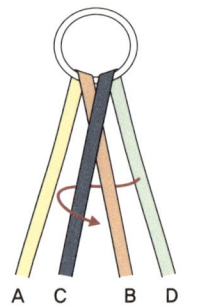

2 D를 B, C의 아래로 통과시켜 위에서부터 C와 B사이로 넣는다.

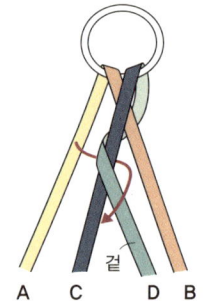

3 A를 C, D의 아래로 통과시켜 위에서부터 D와 C사이로 넣는다.

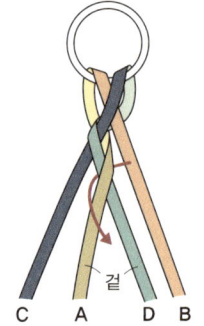

4 B를 D, A의 아래로 통과시켜 위에서부터 A와 D사이로 넣는다

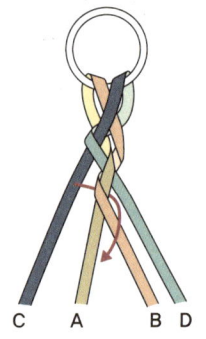

5 C를 A, B의 아래로 통과시켜 위에서부터 B와 A사이로 넣는다.

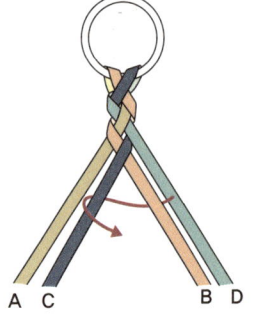

6 바짝 조인다. 가죽끈 표면이 바깥쪽을 향하고 있는지 확인한다. 2~5번 과정을 반복한다.

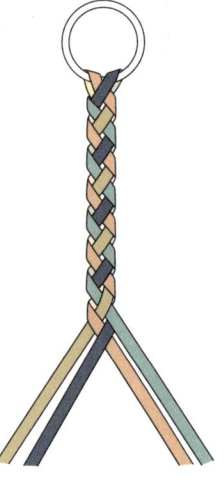

7 엮으면서 바짝 조여준다.

 ● 6줄 엮기 | 6줄의 가죽끈을 엮습니다. 4줄 엮기와 같은 방법으로 오른쪽과 왼쪽에서 안쪽으로 가죽끈을 넣습니다.

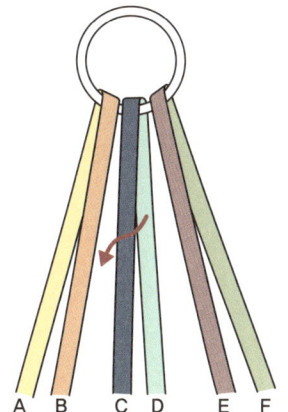

1 가죽끈을 6줄로 늘어놓는다. 가운데 2줄(C, D)을 교차시킨다.

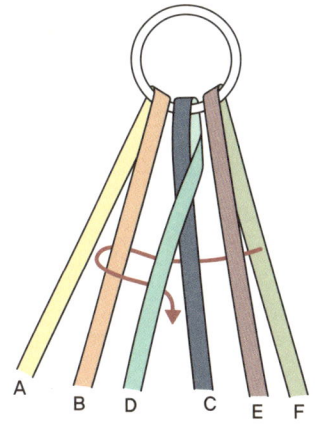

2 F를 E, C, D, B의 아래로 통과시켜 B의 위, D의 아래를 지나 D와 C사이에 넣는다.

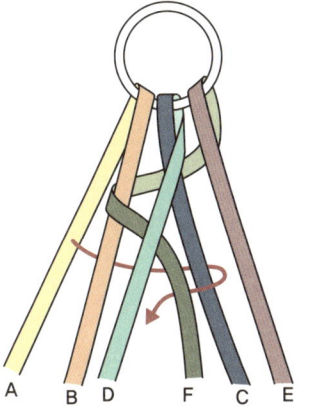

3 A를 B, D, F, C의 아래로 통과시켜 C의 위, F의 아래를 지나 F와 D사이에 넣는다.

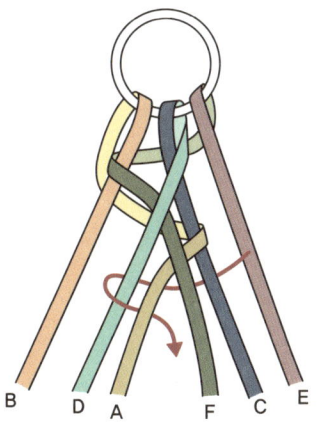

4 E를 C, F, A, D의 아래로 통과시켜 D의 위, A의 아래를 지나 A와 F사이에 넣는다.

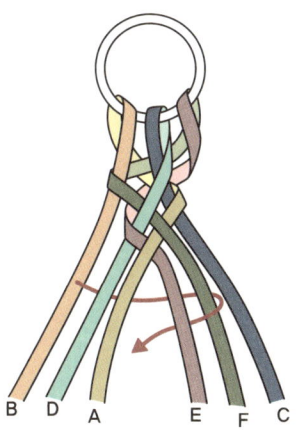

5 B를 D, A, E, F의 아래로 통과시켜 F의 위, E의 아래를 지나 E와 A사이에 넣는다.

6 C와 D도 같은 방법으로 엮는다. 엮으면서 바짝 조여준다.

● V자 6줄 엮기

6줄의 가죽끈을 엮습니다. 오른쪽과 왼쪽에서 안쪽으로 가죽끈을 넣어 V자 모양이 나오도록 엮습니다.

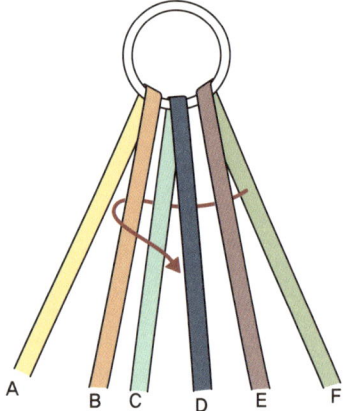

1 가죽끈을 6줄로 늘어놓는다. 가운데 2줄 (C, D)을 교차시킨다.

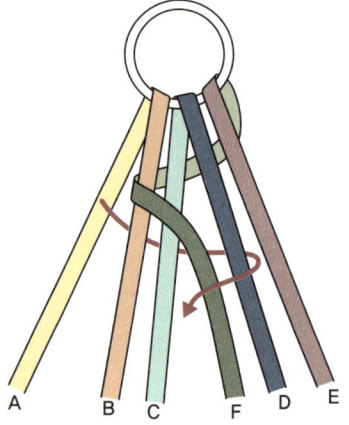

2 A를 B, C, F, D의 아래로 통과시켜 위에서부터 F와 C사이로 넣는다.

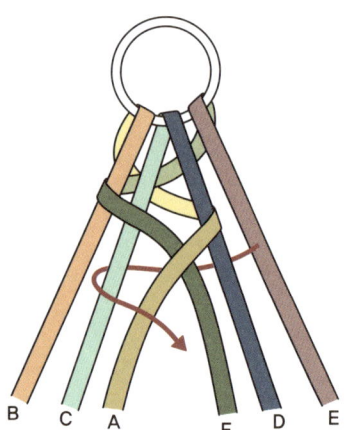

3 E를 D, F, A, C의 아래로 통과시켜 위에서부터 A와 F사이로 넣는다.

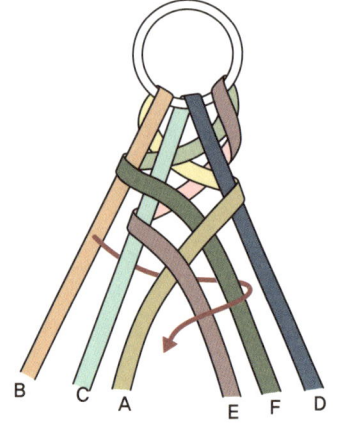

4 2~3의 순서로 가장자리에 있는 1줄을 화살표와 같이 아래서부터 통과시켜 중앙으로 넣기를 번갈아서 반복하며 교차시킨다.

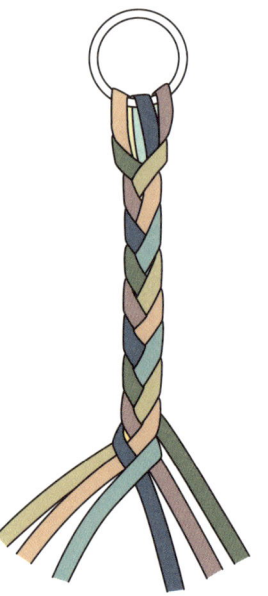

5 엮으면서 바짝 조여준다.

땋는 법

 ● 3줄 땋기 | 3줄의 가죽끈을 오른쪽과 왼쪽에서 안쪽으로 넣으며 땋습니다.

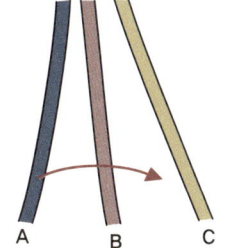
1 가죽끈을 3줄로 늘어놓는다. A와 B를 교차시킨다.

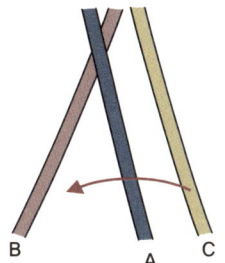
2 C와 A를 교차시킨다.

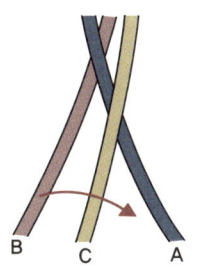
3 1~2의 순서로 반복하면서 교차시킨다.

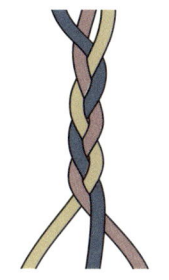
4 땋으면서 바짝 조여준다.

 ● 4줄 땋기 | 4줄의 이웃하는 가죽끈을 교차시켜 땋습니다.

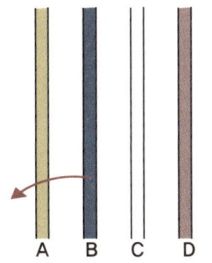
1 가죽끈을 4줄로 늘어놓는다. A와 B를 교차시킨다.

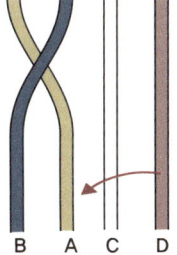
2 C와 D를 교차시킨다.

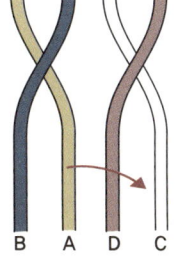
3 A와 D를 교차시킨다.

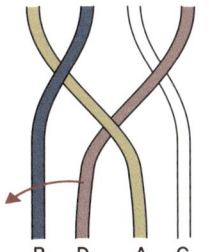
4 1~3의 순서로 반복하면서 교차시킨다.

5 땋으면서 바짝 조여준다.

● 5줄 땋기 | 5줄의 가죽끈 양 가장자리를 안쪽으로 넣어, 교차시키며 땋습니다.

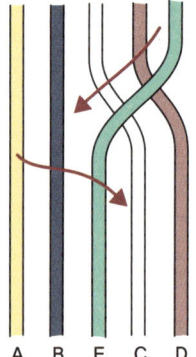

1 가죽끈을 5줄로 늘어놓는다. E를 D, C의 위로 통과시켜 교차시킨다. A를 B, E의 위로 통과시켜 중앙에서 교차시킨다.

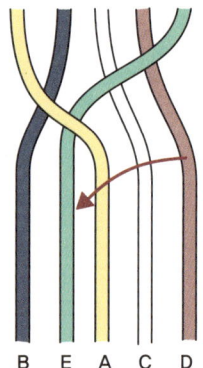

2 D를 C, A 의 위로 통과시켜 중앙에 교차시킨다.

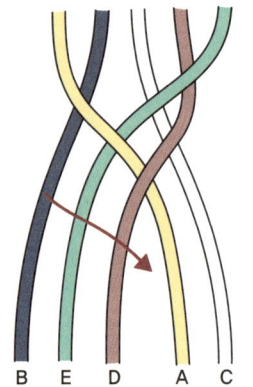

3 B를 E, D 의 위를 통과시켜 중앙에 교차시킨다. 1~3의 순으로 반복하여 교차시킨다.

4 땋아가면서 바짝 조여준다.

 **6줄 땋기** | 6줄의 가죽끈을 5줄 땋기와 같이 양쪽 끝의 가죽끈을 안쪽으로 넣고 교차시키며 땋는다.

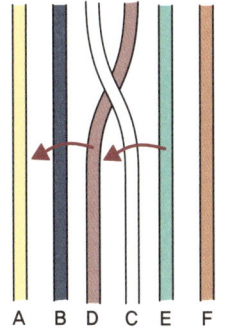

1 가죽끈을 6줄 늘어놓는다. 중앙 2줄(C, D)을 교차시킨다. C와 B, E와 C를 각각 교차한다.

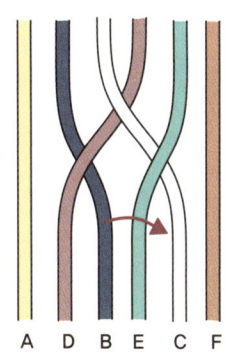

2 중앙 2줄(B, E)을 교차시킨다.

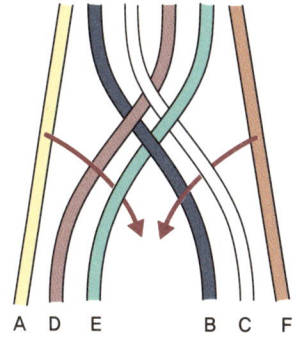

3 좌우를 위아래로 통과시켜 중앙에 놓는다.

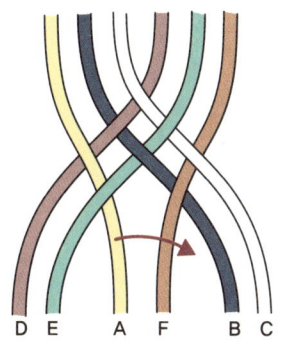

4 중앙의 2줄을 교차시킨다.

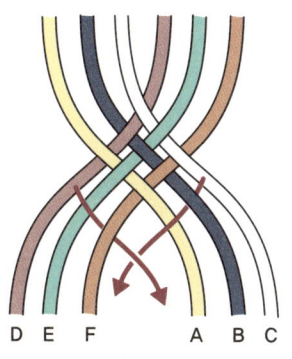

5 3, 4 순으로 반복하여 교차시킨다.

6 땋아가면서 바짝 조여준다.

묶는 법

 ● **돌려묶기** | 가죽끈을 빙글 돌려 하나로 모아서 묶습니다.

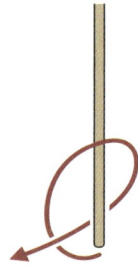   

1 가죽끈을 빙글 돌려서 묶는다. **2** 끝을 잡아 당긴다. **3** 완성. 여러 줄이라도 같은 방법으로 묶는다.

 ● **로프매듭** | 끈 끝을 정리할 때 사용합니다.

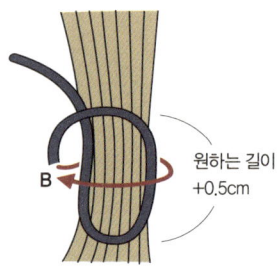 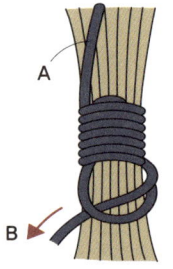 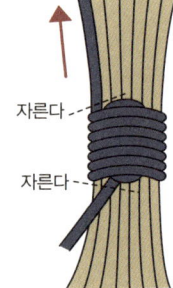

1 기둥끈에 다른 끈(가죽끈 또는 햄프끈)을 겹쳐서 접어 틈없이 위에서부터 아래로 돌돌 감는다. **2** 필요한 길이만큼 말았으면 고리에 끈 끝 B를 끼운다. **3** 반대쪽 끈 끝 A를 잡아당기면 아래있는 고리가 감은 끈 속으로 들어가 고정된다. A와 B를 깔끔하게 자른다.

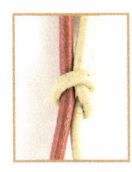

● **감아묶기** | 2줄 이상의 가죽끈을 한데 모으듯이 묶습니다. 끝 정리에 사용합니다.

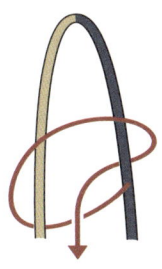

1 가죽끈을 중앙에서 반으로 접거나 2줄로 묶는다. 한쪽에 다른 한쪽을 걸어 돌려묶기 요령으로 묶는다.

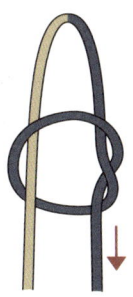

2 잡아 당긴다.

3 완성.

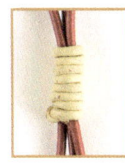

● **돌돌 말아 감아묶기** | 로프매듭과 비슷하지만 주로 끝을 가죽끈으로 정리할 때 사용합니다.

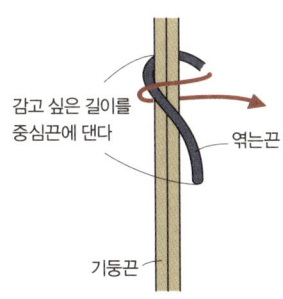

1 말고 싶은 길이만큼 기둥끈에 바짝 댄다.

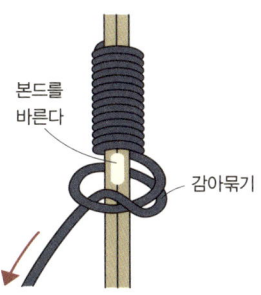

2 빈틈없이 칭칭 말았으면 감아묶기를 한다. 잡아당기기 전에 기둥끈에 본드를 바른다.

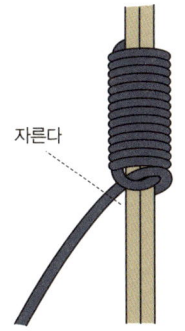

3 엮은 끈을 꽉 잡아당겨서 깔끔하게 자른다.

● 합장매듭 | 2줄의 가죽끈을 작은 매듭으로 연결하는 방법입니다. 연속해서 묶으면 생선 비늘처럼 보입니다.

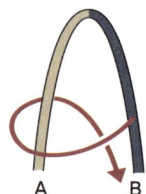

1 가죽끈을 중앙에서 반으로 접거나 2줄로 묶는다. B를 A 앞쪽에서 뒤쪽으로 걸친다.

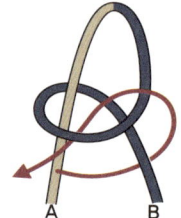

2 A는 B 뒤쪽에서 앞쪽으로 꺼내고 1에서 만들어진 고리로 통과시킨다.

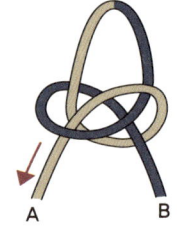

3 만들고 싶은 위치에서 A를 먼저 꽉 조인다.

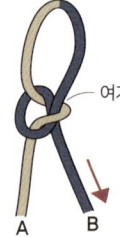

여기를 누른다

4 매듭부분을 잡고 누르면서 B를 꽉 조인다.

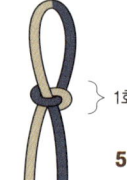

1회

5 완성

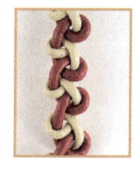

● 좌우엮기 매듭 | 좌우에 매듭이 생기는 매듭법입니다. 좌우의 가죽끈을 번갈아 중심끈으로 하여 묶습니다.

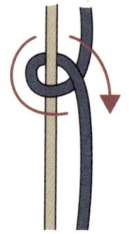

1 왼쪽 가죽끈을 기둥끈으로 하여 오른쪽 가죽끈을 감는다.

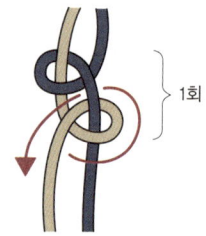

1회

2 오른쪽 가죽끈을 기둥끈으로 하여 왼쪽 가죽끈을 감는다. 좌우엮기 매듭 1회 완성.

3 1, 2를 반복한다.

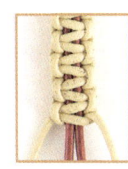 ● **평매듭** | 엮는끈과 기둥끈을 묶습니다. 매듭 아래쪽에 나와 있는 엮는 끈을 기둥끈에 올려서 묶습니다. 매듭이 평평하게 됩니다.

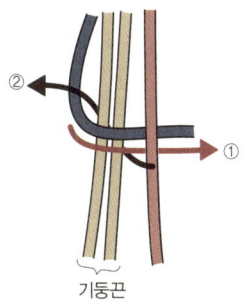

1 왼쪽 가죽끈을 기둥끈에 올리고 그 위에 오른쪽 가죽끈을 올린다. 오른쪽 가죽끈을 기둥끈 아래에서 왼쪽 가죽끈 위로 통과시킨다.

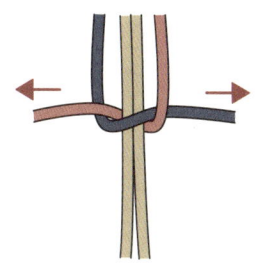

2 좌우의 가죽끈을 잡아 당긴다.

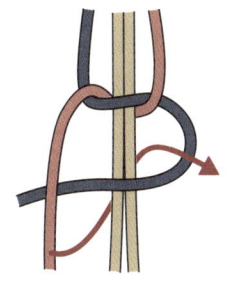

3 같은 방법으로 오른쪽 가죽끈을 기둥끈에 올리고 그 위에 왼쪽 가죽끈을 올린다. 왼쪽 가죽끈을 기둥끈 아래에서 오른쪽 가죽끈 위로 통과시킨다.

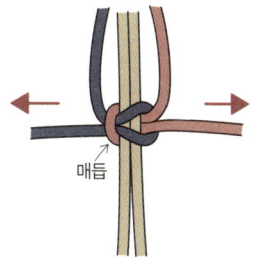

4 좌우의 가죽끈을 잡아당긴다. 평매듭 1회 완성(좌상평매듭)

0.5회란
1~4와같이 평매듭을 하고 한번 더 2의 공정까지 매듭을 지으면 0.5회 매듭이 된다.

그림은 1.5회 매듭진 상태

연속적으로 묶으면

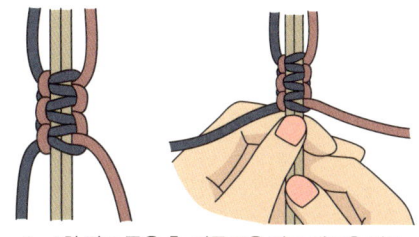

3~4회 정도 묶은 후, 기둥끈을 잡고 매듭을 위로 잡아당겨 조인다.

평매듭 시작하는 법

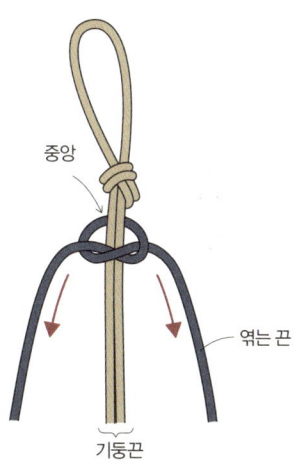

엮는 끈을 기둥끈에 묶는다. 매듭을 안쪽으로 돌려서 묶기 시작한다.

뒤집으면

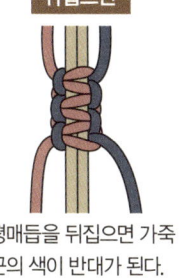

평매듭을 뒤집으면 가죽끈의 색이 반대가 된다.

매듭 보는 법

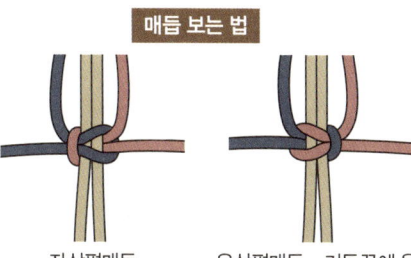

좌상평매듭   우상평매듭 _ 기둥끈에 올린 가죽끈 순서를 역으로 하여 오른쪽 가죽끈을 먼저 올린다.

매듭법

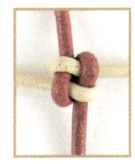 ● **사각접기 매듭** | 4줄의 가죽끈을 십자로 두고 주변의 가죽끈을 겹쳐줍니다.

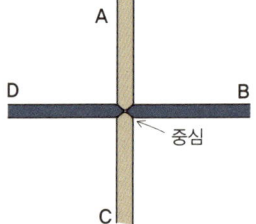

1 4줄의 가죽끈 다발을 십자모양으로 열어둔다.

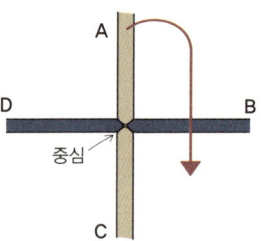

2 시계방향으로 가죽끈을 겹쳐간다. A를 B에 겹친다.

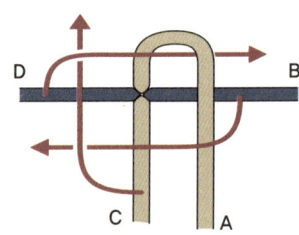

3 같은 방법으로 B를 C에, C를 D에 겹치고, 마지막으로 D는 A를 겹쳤을 때 만들어진 고리에 통과시킨다.

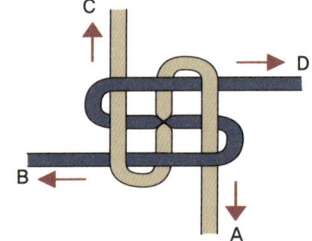

4 1줄씩 천천히 조인다.

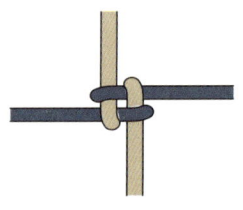

5 1번 묶은 부분

 ● **기둥끈 넣은 사각접기 매듭**

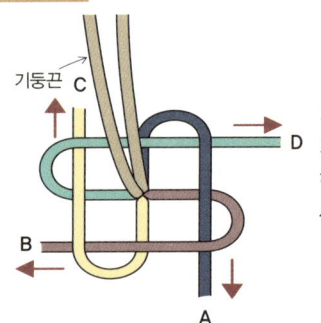

기둥끈을 중심에 두고 기둥끈을 감는 것처럼 하여 묶는다. 묶는 법은 사각접기매듭과 같다.

 ● **육각접기 매듭**

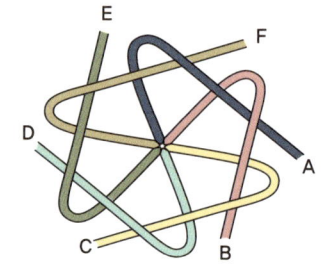

사각접기매듭을 참조하여 6줄로 엮는다.

● 4줄 둥근접이 매듭 | 끈 끝을 정리할 때 뿐아니라 디자인의 포인트까지 되는 매듭법입니다.

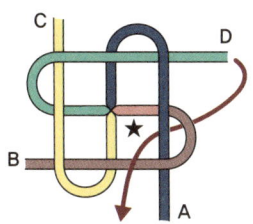 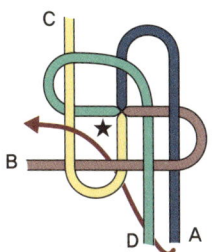 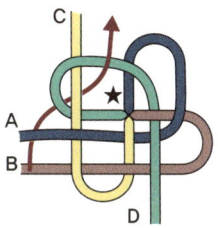 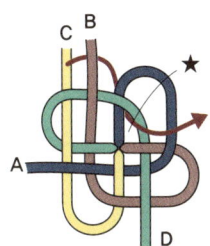

1 [사각접기매듭](p.42)의 1~4까지 묶고, 시계방향으로 엮어간다. D를 중심(★) 가까이의 고리에 아래부터 위로 끼운다.

2 같은 방법으로 A를 중심 가까이의 고리에 통과시킨다.

3 B도 같은 방법으로 가까운 고리에 통과시킨다.

4 마지막으로 C도 같은 방법이나 여기는 고리가 2중이 되어 있으므로 중심 가까운 부분의 아래에서 위로 통과시킨다.

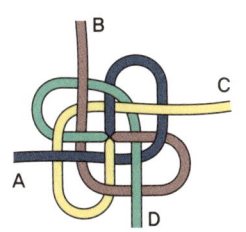 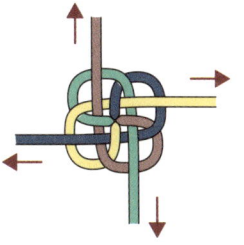  

5 모든 가죽끈이 중심에서 위를 향해 나와 있어야 한다.

6 1줄씩 천천히 화살표 방향으로 잡아당겨 조인다.

7 송곳 등으로 1줄씩 ①~③의 순서로 가죽끈을 당겨서 조인다.

8 모든 가죽끈을 잡아당겨 모양을 정리한다.

● 기둥끈 넣은 둥근접이 매듭

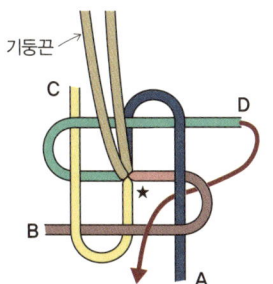

기둥끈을 중심에 두고 기둥끈을 감듯이 둥근접이 매듭을 한다.

● 6줄 둥근접이 매듭

4줄 둥근접이매듭을 참조하여 6줄로 엮습니다.

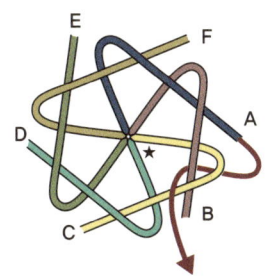

4줄 둥근접이 매듭을 참조하여 엮고 마지막은 둥근접이 매듭 4번과 같이 통과시킨다.

트릭 땋기

● **트릭 3줄 땋기** | 가죽끈에 2줄의 자른선을 넣어 사이로 빠져나가며 3줄 땋기를 합니다.

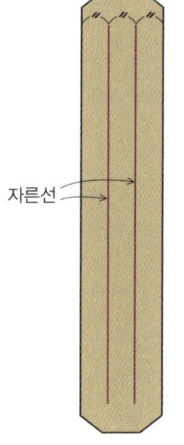

1 가죽끈을 커터칼로 자른다.

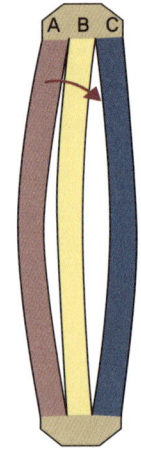

2 A와 B를 교차시킨다.

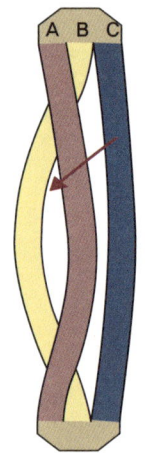

3 C와 A를 교차시킨다.

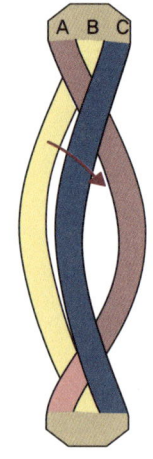

4 B와 C를 교차시킨다.

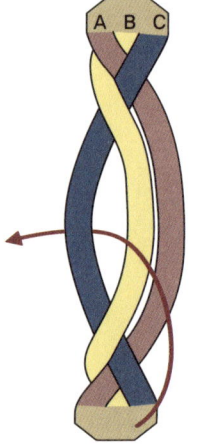

5 B와 C 사이로 아래 부분이 빠져나가게 한다.

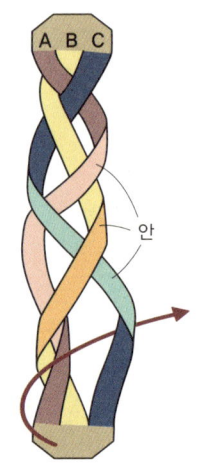

6 안쪽이 드러나면서 꼬인 상태가 된다. B와 C 사이로 아래쪽이 빠져나가게 한다

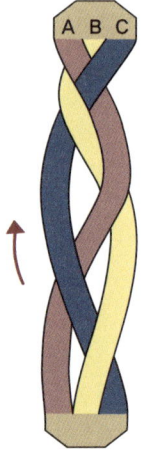

7 꼬인 것이 풀린다. 아래쪽에 있는 교차부분을 위로 끌어올린다.

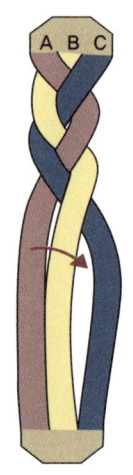

8 1회 완성. 2~7의 과정을 반복한다.

● 트릭 5줄 땋기 | 가죽끈에 4줄의 자른선을 넣어 사이로 빠져나가며 5줄 땋기를 합니다.

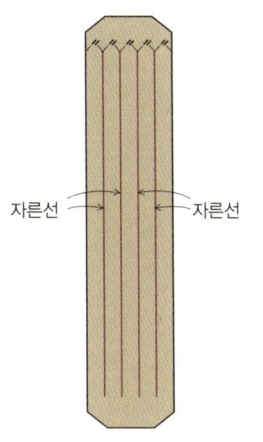

자른선 ← → 자른선

1 가죽끈을 커터칼로 자른다.

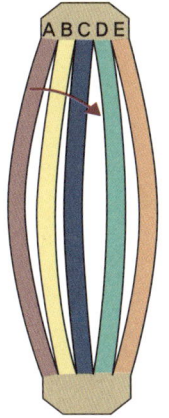

2 A를 C와 D의 사이로 넣는다.

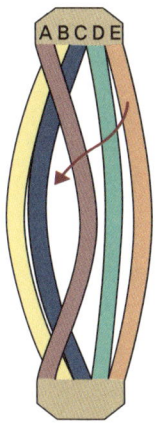

3 E를 A와 C의 사이로 넣는다.

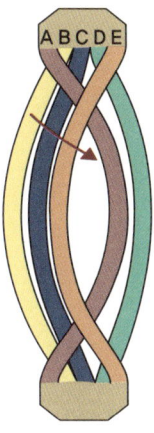

4 B를 E와 A의 사이로 넣는다.

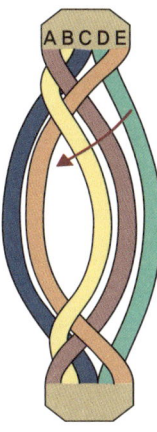

5 D를 B와 E의 사이로 넣는다.

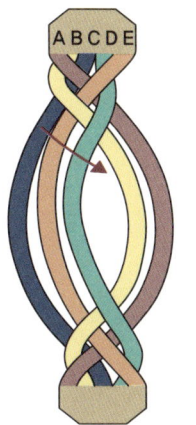

6 C를 D와 B의 사이로 넣는다

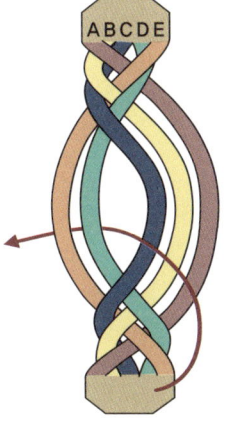

7 C와 D의 사이로 아래쪽이 빠져나가게 한다

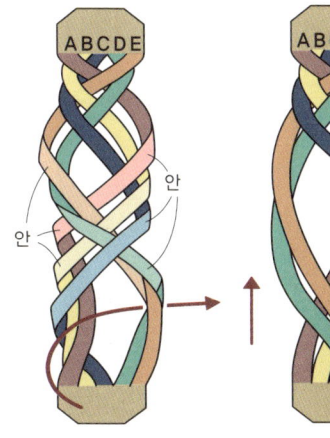

안 안

8 안쪽이 드러나면서 꼬인 상태가 된다. C와 D 사이로 아래쪽이 빠져나가게 한다

9 꼬인 것이 풀린다. 아래쪽에 있는 교차부분을 위로 끌어올린다.

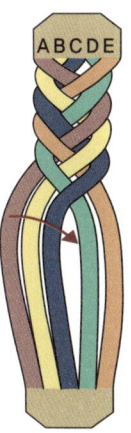

10 1회 완성. 2~9의 과정을 반복한다.

 ● 사슬 땋기 | 뜨개질의 사슬뜨기와 같은 요령으로, 손가락으로 사슬 모양의 고리를 연속하여 만들며 땋는 방법입니다.

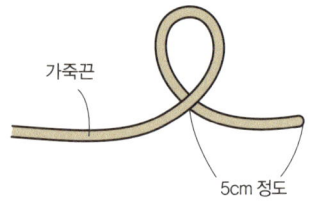

1 가죽끈으로 고리를 만든다.

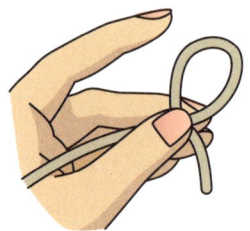

2 왼손 중지와 엄지로 고리의 겹쳐진 부분을 잡는다.

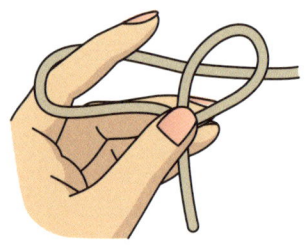

3 검지에 가죽끈을 걸친다.

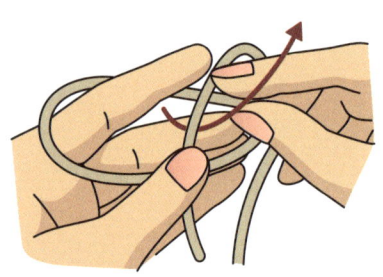

4 오른손 엄지와 검지를 고리 안으로 넣어 왼손에 걸쳐져있는 가죽끈을 잡아 당긴다.

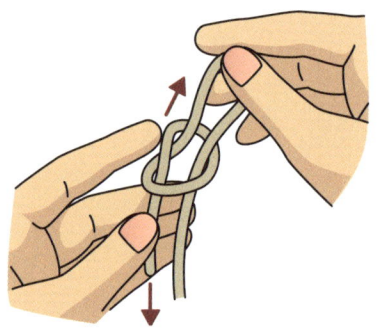

5 왼손을 빼고 끝과 고리를 꽉 당겨 쥔다.

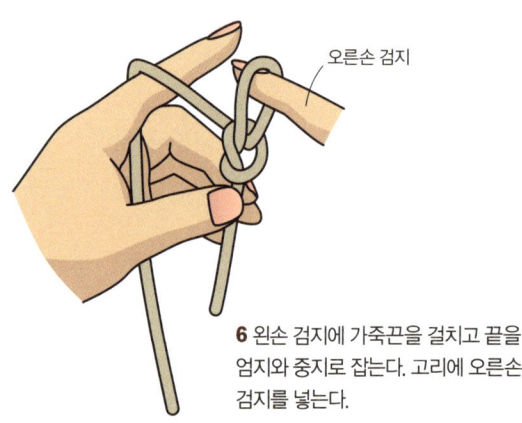

6 왼손 검지에 가죽끈을 걸치고 끝을 엄지와 중지로 잡는다. 고리에 오른손 검지를 넣는다.

7 고리 속에 오른손 엄지와 검지를 넣어 왼손에 걸쳐져있는 가죽끈을 잡아당긴다.

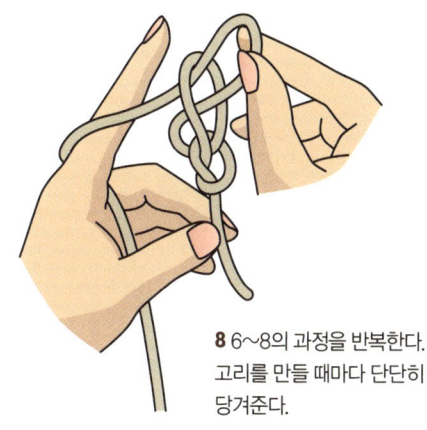

8 6~8의 과정을 반복한다. 고리를 만들 때마다 단단히 당겨준다.

사슬 땋기의 고리 보는 법

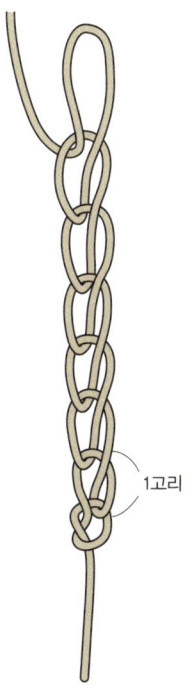

1고리

끝 마무리 하기

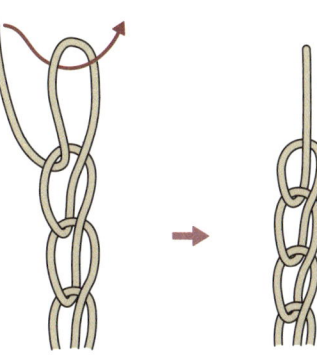

끝을 고리로 통과시킨다.

01 팔찌_ 01·02·03

● **완성 사이즈**
(01·02·03공통) 전체길이 약 20.5cm

● **도구**
a 본드
b 가위
c 마크라메핀(MA2001)
d 대나무꼬치
e 코르크판(MA2004)

※크르크판과 마크라메핀은 나무판과 압정으로 대체할 수 있습니다.

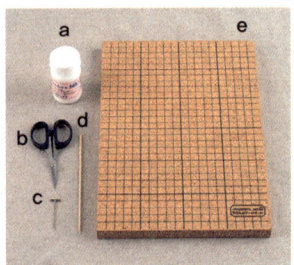

● **재료**
01 • 보태니컬 가죽 (폭 3mm 가죽끈)
　　블랙　　A : 80cm x 1줄
　　　　　　B : 70cm x 1줄
　• 금속장식 1개

02 • 보태니컬 가죽 (폭 3mm 가죽끈)
　　화이트　A : 80cm x 1줄
　　내추럴　B : 70cm x 1줄
　• 금속장식 1개

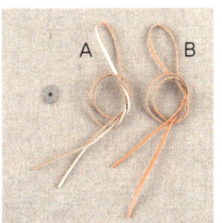

03 • 보태니컬 가죽 (폭 3mm 가죽끈)
　　레드　　A 80cm x 1줄
　　　　　　B 70cm x 1줄
　• 금속장식 1개

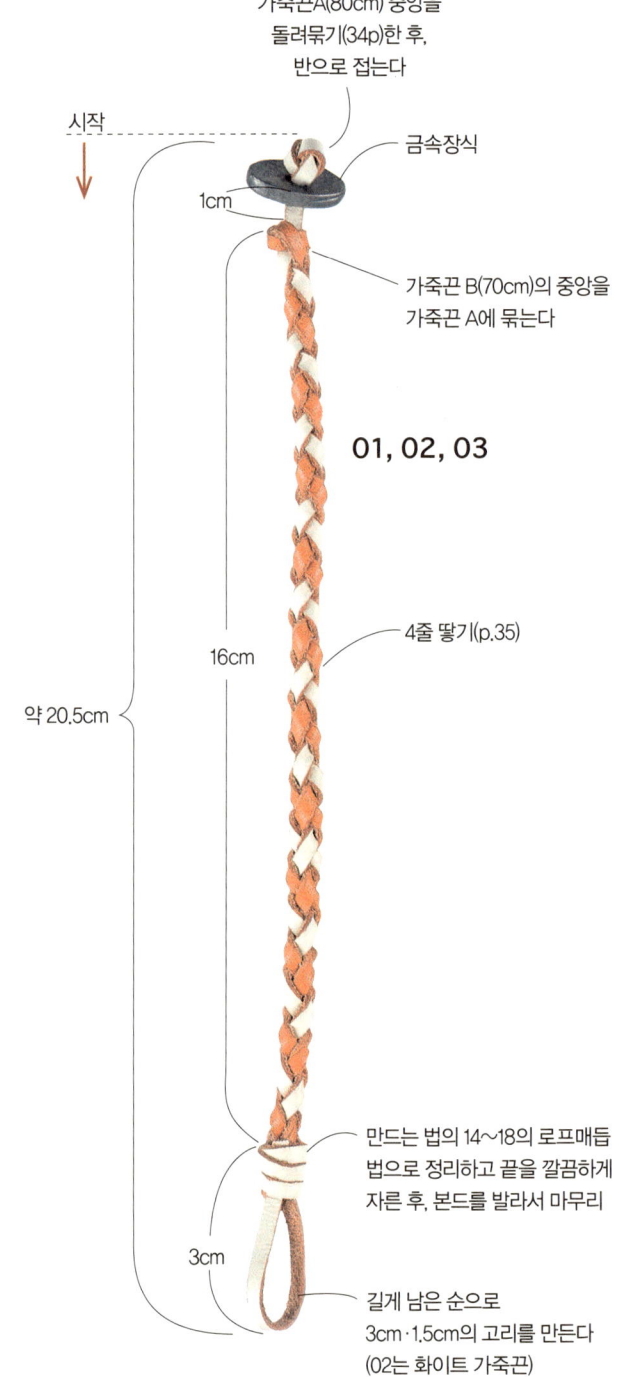

가죽끈A(80cm) 중앙을 돌려묶기(34p)한 후, 반으로 접는다

시작

금속장식

1cm

가죽끈 B(70cm)의 중앙을 가죽끈 A에 묶는다

01, 02, 03

4줄 땋기(p.35)

16cm

약 20.5cm

만드는 법의 14~18의 로프매듭 법으로 정리하고 끝을 깔끔하게 자른 후, 본드를 발라서 마무리

3cm

길게 남은 순으로 3cm·1.5cm의 고리를 만든다 (02는 화이트 가죽끈)

○ 만드는 법

※항상 가죽끈의 겉면이 보이도록 엮는다

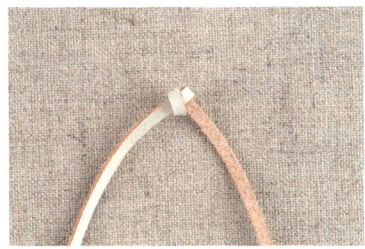

1 보태니컬 가죽(이하 가죽끈) A를 중앙에서 한 번 묶는다.

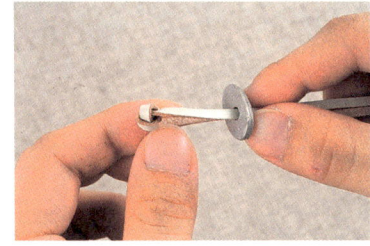

2 금속장식을 가죽끈 A에 끼운다.

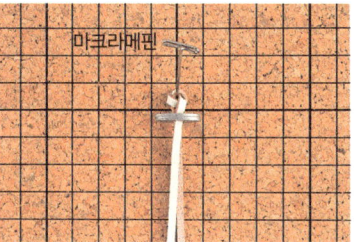

3 코르크판에 가죽끈 A를 사진과 같이 마크라메핀으로 고정시킨다.(나무판 등을 활용할 수도 있다.)

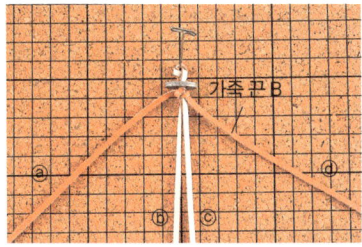

4 가죽끈 A의 윗부분에 가죽끈 B의 중앙을 돌려묶기하여 ⓐ~ⓓ의 순으로 나란히 펼쳐 놓는다.

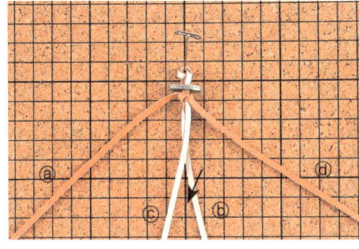

5 ⓒ를 ⓑ 위에 올려서 교차시킨다.

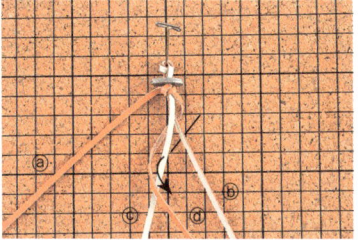

6 ⓓ를 ⓑ, ⓒ의 아래로 통과시켜 위에서부터 ⓒ와 ⓑ사이로 넣는다.

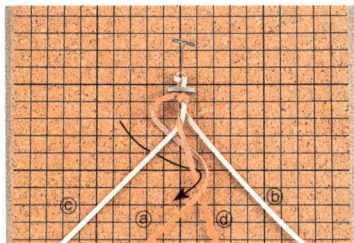

7 ⓐ를 ⓒ, ⓓ의 아래로 통과시켜 위에서부터 ⓓ와 ⓒ사이로 넣는다.

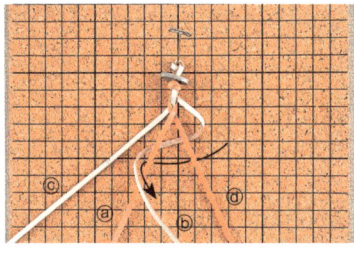

8 ⓑ를 ⓓ, ⓐ의 아래로 통과시켜 위에서부터 ⓐ와 ⓓ사이로 넣는다.

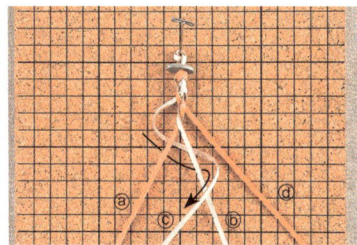

9 ⓒ를 ⓐ, ⓑ의 아래로 통과시켜 위에서부터 ⓑ와 ⓐ사이로 넣는다.

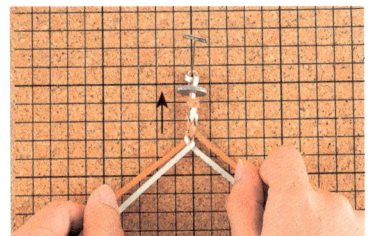

10 엮은 부분을 잡아당기며 위로 올린다. 4줄엮기 1회 완성.

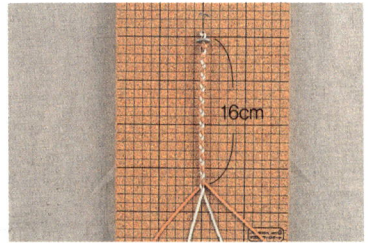

11 6~10을 반복하여 4줄엮기로 16cm를 엮는다.

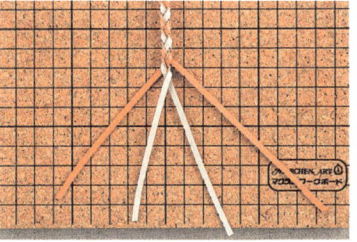

12 가죽끈을 나란히 펼쳐 놓는다.

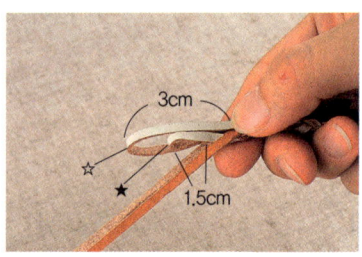

13 가장 길게 남은 가죽끈으로 3cm의 고리(☆)를, 그 다음 긴 가죽끈으로 1.5cm의 고리(★)를 만든다.

14 ☆의 가죽끈으로 모든 가죽끈을 한데모아 3번 감는다.

15 3번 감았으면 1.5cm의 고리(★)에 끼운다.

16 ★의 가죽끈을 당겨서 가죽끈을 바짝 조인다.

17 바짝 조인 모습.

18 남은 가죽끈을 전부 자른다.

19 가죽끈을 자른 곳에 본드를 바른다.

20 완성.

finish

01 팔찌_ 04·05

● 완성 사이즈
(04·05 공통) 전체길이 약 45cm

● 재료
04 • 보태니컬 가죽 – 폭 2mm 가죽끈
　　브라운　①115cm x 2줄
　　　　　　②75cm x 1줄
　• 금속장식 1개

05 • 보태니컬 가죽 – 폭 2mm 가죽끈
　　내추럴　①115cm x 2줄
　　　　　　②75cm x 1줄
　• 금속장식 1개

● 만드는 법

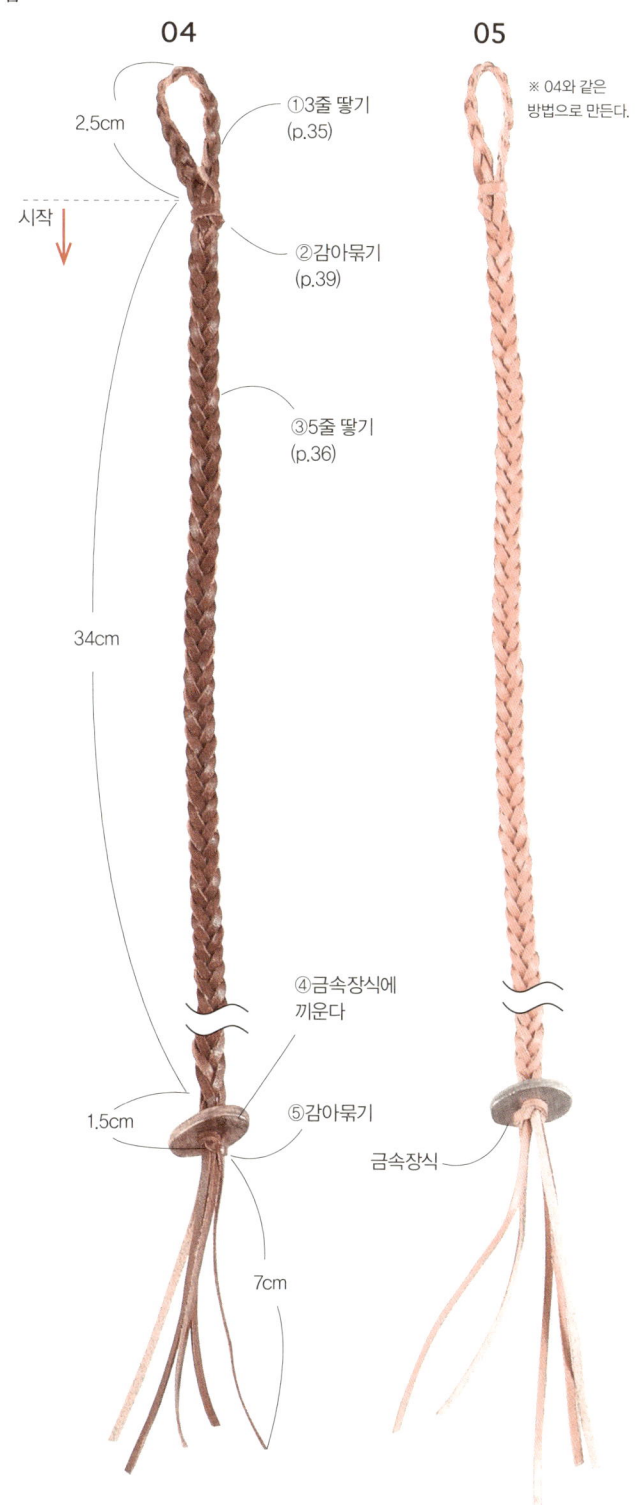

04
- 2.5cm
- 시작
- ①3줄 땋기 (p.35)
- ②감아묶기 (p.39)
- ③5줄 땋기 (p.36)
- 34cm
- ④금속장식에 끼운다
- ⑤감아묶기
- 1.5cm
- 7cm

05
※ 04와 같은 방법으로 만든다.
- 금속장식

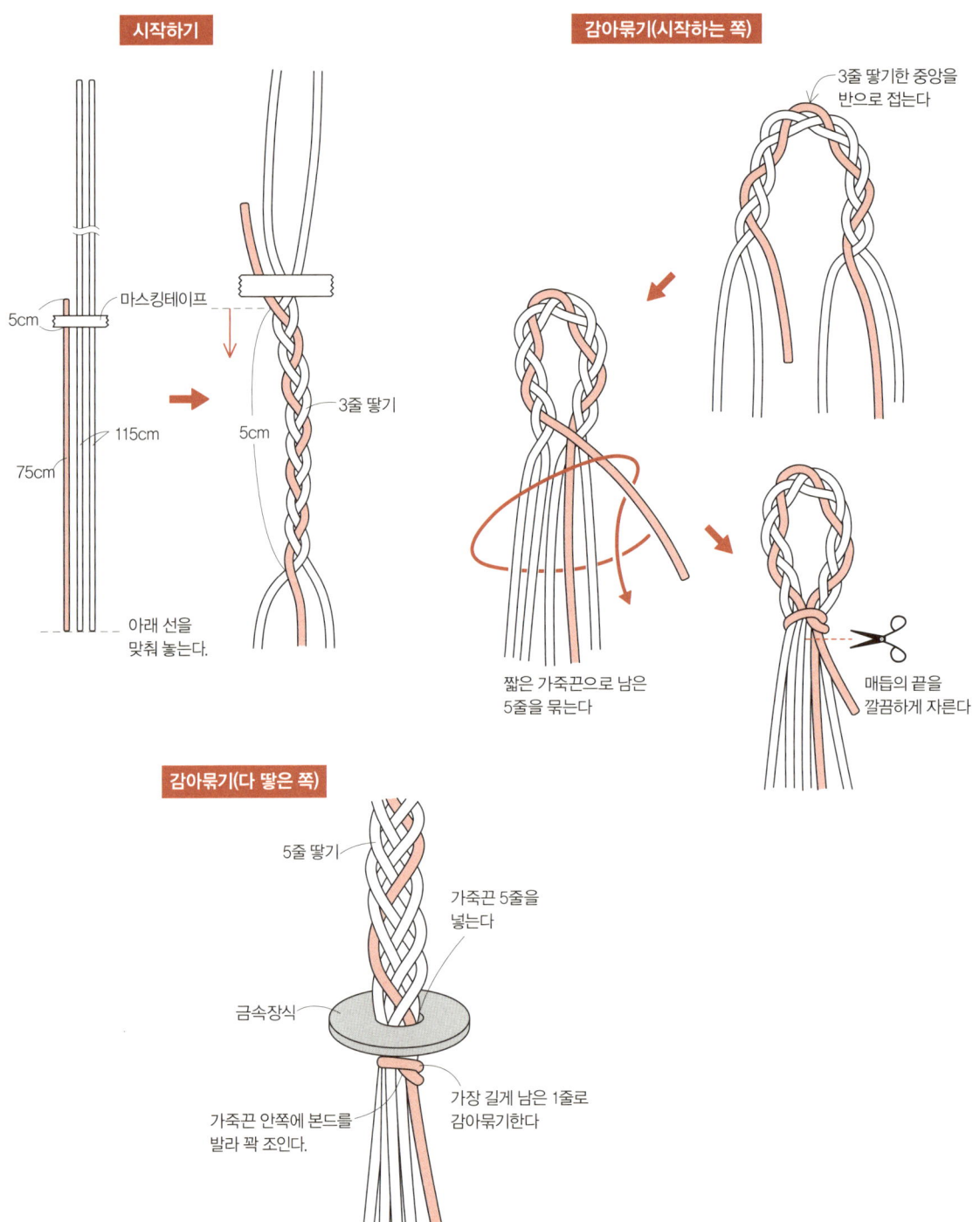

01 팔찌_06·07

- **완성 사이즈**
  (06·07 공통) 전체길이 약 21cm

- **재료**
  06 • 버프 가죽 – 굵기 1.5mm 가죽끈
      네이비   90cm x 2줄
      그레이   90cm x 1줄
  • 금속장식 1개

  07 • 벨루어가죽 – 굵기1.5mm 가죽끈
      블랙   90cm x 3줄
  • 금속장식 1개

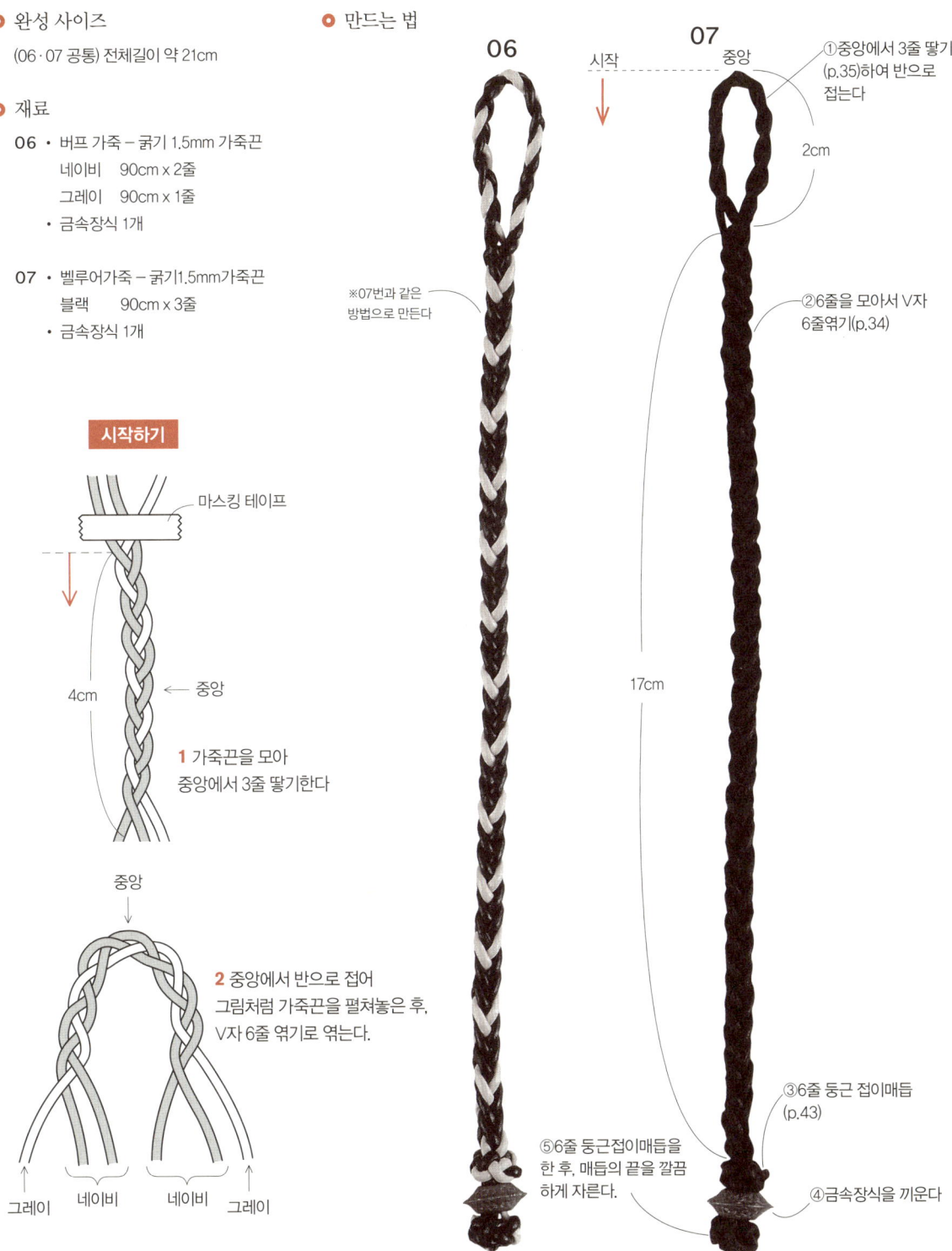

01 팔찌_ 08·09

● 완성 사이즈
08 전체길이 약 20cm
09 전체길이 약 19.5cm

● 재료
08 · 빈티지 가죽 – 굵기 2.0mm 가죽끈
  내추럴 ①160cm x 1줄
       ②35cm x 1줄
  · 금속장식 10개
  · 금속장식 개

09 · 빈티지 가죽 – 굵기 1.5mm 가죽끈
  내추럴 ①150cm x 1줄
       ②35cm x 1줄
  · 금속장식 6개
  · 금속장식 1개

시작하기

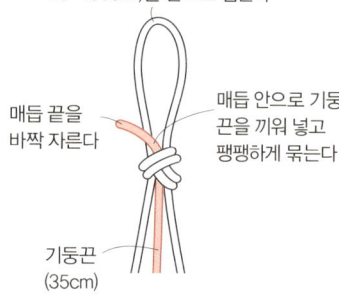

엮는끈(08–160cm, 09–150cm)을 반으로 접는다
매듭 끝을 바짝 자른다
매듭 안으로 기둥끈을 끼워 넣고 팽팽하게 묶는다
기둥끈 (35cm)

금속 장식 끼우기

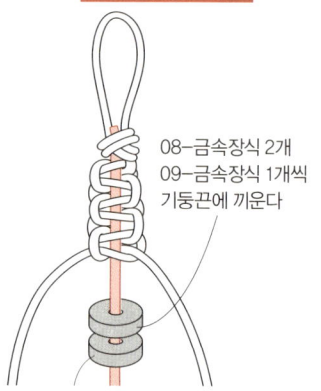

08–금속장식 2개
09–금속장식 1개씩 기둥끈에 끼운다

● 만드는 법

08

시작 ↓
1.5cm
① 가죽끈 160cm를 반으로 접고 기둥끈 (가죽끈 35cm)을 끼워 넣은 후, 2줄을 같이 잡고 돌려묶기(p.38)
② 좌상평매듭(p.41) 3회
③ 기둥끈에 금속장식 2개를 끼운다
18cm
④ ★을 4회 반복한다

매듭 끝마무리
매듭에 통과시켜 자른다
본드를 바른다
안쪽

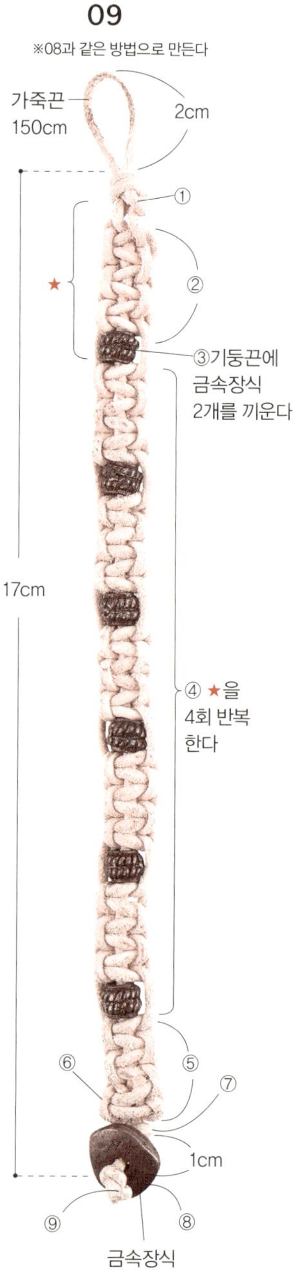

⑤ 좌상 평매듭 3회
⑦ 돌려묶기
⑧ 금속장식을 끼운다
1.2cm
⑥ 매듭이 완성된 끈을 마무리한다.
⑨ 돌려묶기를 하고 끝을 바짝 자른다

09
※08과 같은 방법으로 만든다
가죽끈 150cm
2cm
①
②
③ 기둥끈에 금속장식 2개를 끼운다
17cm
④ ★을 4회 반복한다
⑤ ⑥ ⑦
1cm
⑨ ⑧
금속장식

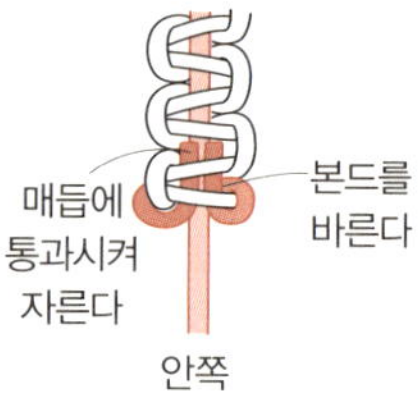

| 01 | 팔찌_ 10·11

● 완성 사이즈
(10·11 공통) 전체길이 약 23cm

● 재료

10 · 보태니컬 가죽 – 폭 15mm 가죽끈
   내추럴 25cm x 1줄
   햄프끈 퓨어 25cm x 1줄
 · 오닉스 콘쵸 1개

09 · 보태니컬 가죽 – 폭 15mm 가죽끈
   블랙 25cm x 1줄
   햄프끈 블랙 25cm x 1줄
 · 타코이즈 콘쵸 1개

● 만드는 법

10 — 오닉스 콘쵸
④콘쵸를 붙인다
시작 ↓
②트릭 3줄 땋기 (p.44) 1회 = ★
약16.5cm
③★을 2회 반복한다
①가죽끈을 커터칼로 자른다.

11 — 타코이즈 콘쵸
※10과 같은 방법으로 만든다.

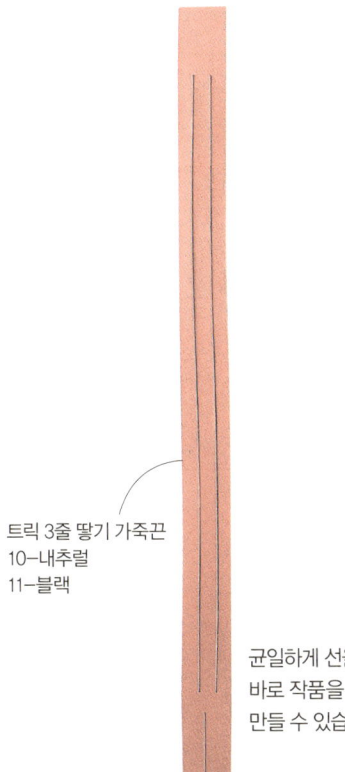

자른선 들어간 가죽끈

트릭 3줄 땋기 가죽끈
10-내추럴
11-블랙

균일하게 선을 잘라 바로 작품을 만들 수 있습니다

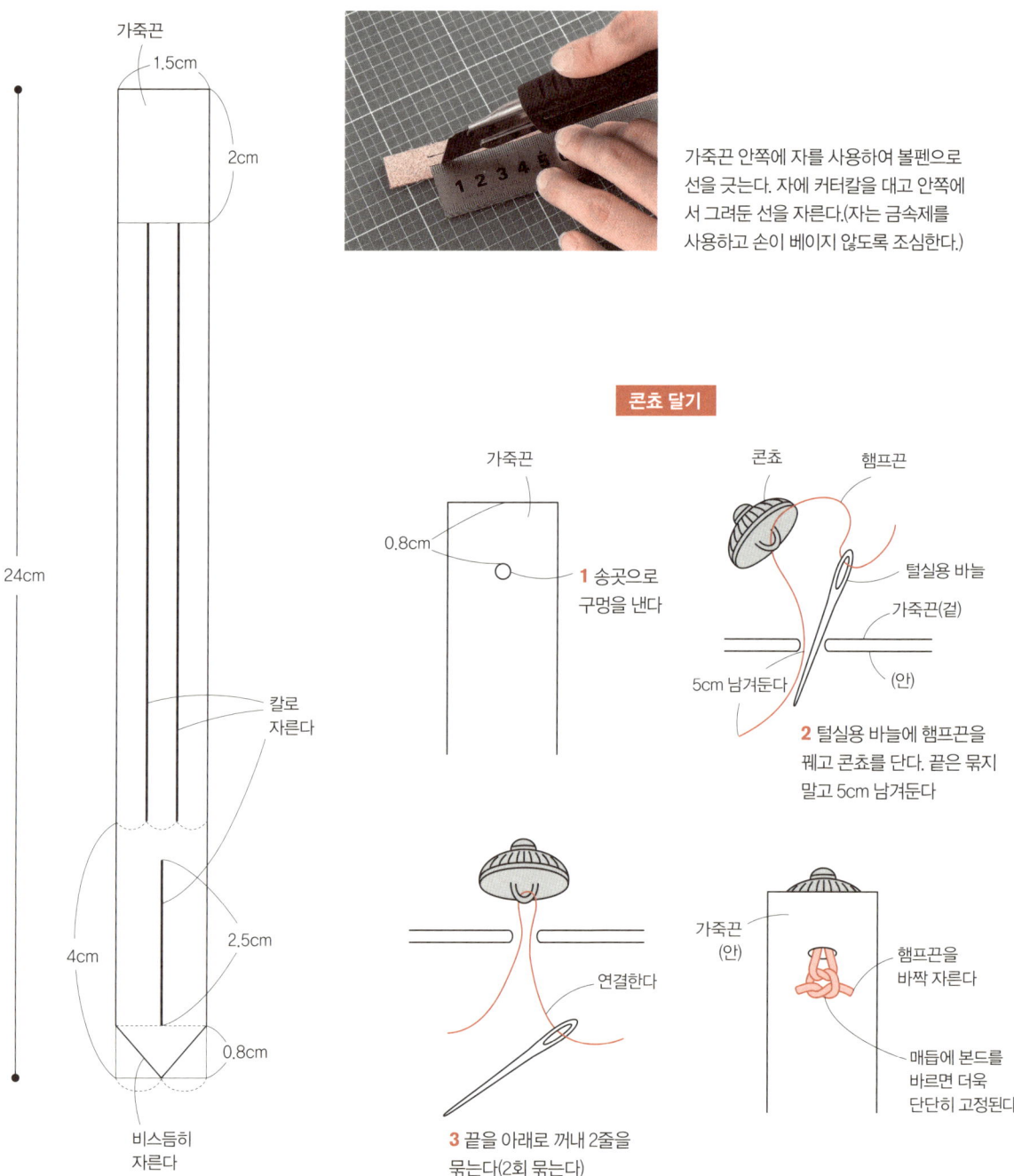

| 01 | 팔찌_ 12·13

● 완성 사이즈
(12·13 공통) 전체길이 약 19cm

● 재료
12 • 버프 가죽 – 굵기 1.5mm 가죽끈
　　　블랙　70cm x 1줄
　　　　　　45cm x 1줄
　• 카렌실버 1개

13 • 버프 가죽 – 굵기 1.5mm 가죽끈
　　　그레이　70cm x 1줄
　　　　　　　45cm x 1줄
　• 카렌실버 1개

● 만드는 법

시작하기

10cm
35cm
가죽끈 70cm
가죽끈 45cm
1.5cm
돌려묶기
매듭에 가까이 대고 깔끔하게 자른다

카렌 실버 달기

카렌 실버를 1줄에 끼운다

시작 ↓

12
1.5cm
①4줄을 같이 잡고 돌려묶기
②3줄 땋기한다 (p.35)
17cm
③카렌실버를 끼운다
0.5cm
④3줄을 같이 잡고 돌려묶기
⑤잘라서 길이를 맞춘다

13
※12와 같은 방법으로 만든다.
카렌실버

59

| 01 | 팔찌_ **14**

● 완성 사이즈
전체길이 약 23cm(금속 부분 제외)

● 재료
14
- 보태니컬 가죽 – 굵기 15mm 가죽끈 브라운 25cm x 1줄
- 금속 장식 1개

● 만드는 법

자르는 법

②펀치로 직경 4mm 구멍을 뚫는다

0.3cm

2cm

①3mm 간격으로 칼로 자른다

25cm

가죽끈

2cm

0.3cm

14

⑤금속장식을 끼운다

시작

①자른선을 낸다

③트릭 5줄 땋기 (P.45) 1회 = ★

19cm

④★을 3회 반복한다

②펀치로 구멍을 뚫는다

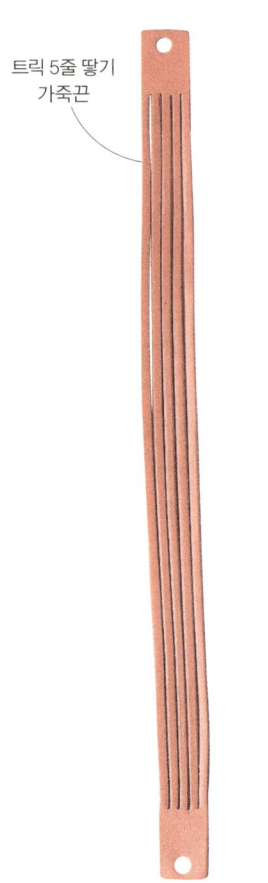

자른 선이 들어간 가죽끈

트릭 5줄 땋기 가죽끈

균일하게 선을 잘라 바로 작품을 만들 수 있습니다.

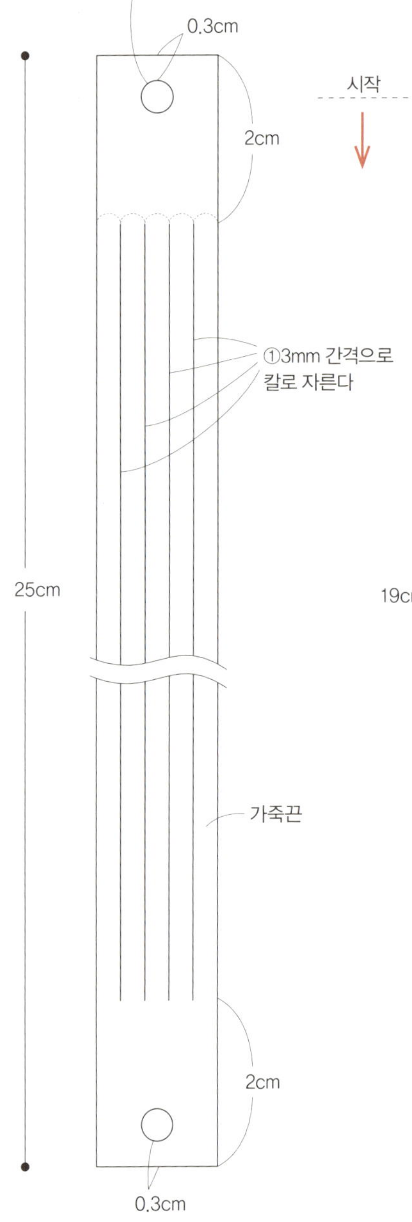

01 팔찌_ 15·16

● 완성 사이즈

(15·16 공통) 전체길이 약 25cm

● 재료

15 • 보태니컬 가죽 – 폭 3mm 가죽끈
　　브라운 220cm x 1줄
　• 금속장식 1개
　• 금속장식 6개

15 • 보태니컬 가죽 – 폭 3mm 가죽끈
　　그린 220cm x 1줄
　• 금속장식 1개
　• 금속장식 6개

● 만드는 법

시작하기

1 가죽끈을 중앙에서 반으로 접어 B를 A의 앞에서 뒤쪽으로 걸친다.

2 A를 B뒤에서 앞으로 꺼내고, 1에서 만들어진 고리에 끼운다

3 A → B 순으로 잡아 당긴다

4 매듭이 겉쪽이 되도록 정리한다

시작 ↓

15
①가죽끈 220cm를 중앙에서 반으로 접는다
2cm
②합장매듭(p.40) 8회
③금속장식을 끼운다
④합장매듭 8회
★
22cm
⑤★을 5회 반복한다
⑥금속장식을 끼운다
⑦2줄을 같이 잡고 감아묶기(p.39)하여 끝을 깔끔하게 자른다.

16
※15와 같은 방법으로 만든다.

| 02 | 쵸커_ 17·18·19

완성 사이즈
(17·18·19공통) 전체길이 약 38cm

재료

17 • 보태니컬 가죽 – 폭 2mm 가죽끈
　　브라운 100cm x 2줄
　• 카렌실버 1세트
　• 도토리 모양 참장식

18 • 보태니컬 가죽 – 폭 2mm 가죽끈
　　내추럴 100cm x 2줄
　• 카렌실버 1세트

19 • 보태니컬 가죽 – 폭 2mm 가죽끈
　　블랙 100cm x 2줄
　• 카렌실버 1세트
　• 금속 장식 3개

만드는 법

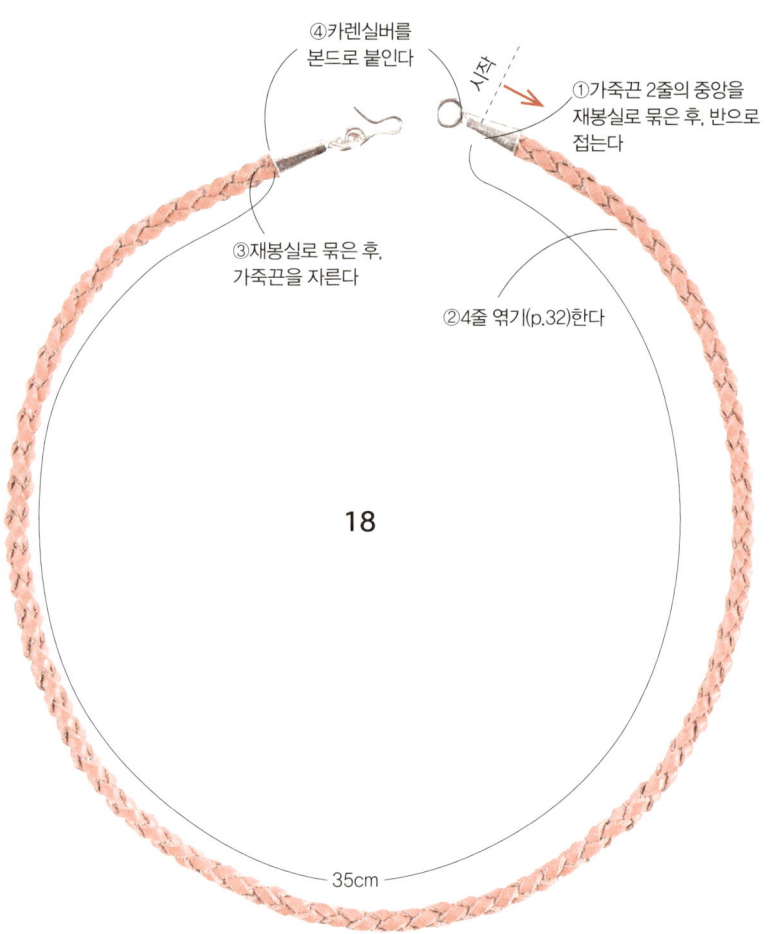

① 가죽끈 2줄의 중앙을 재봉실로 묶은 후, 반으로 접는다
② 4줄 엮기(p.32)한다
③ 재봉실로 묶은 후, 가죽끈을 자른다
④ 카렌실버를 본드로 붙인다

시작하기
중앙 / 재봉실로 묶는다 / 안 / 안 / 겉 / 겉
가죽끈 2줄의 중앙을 바느질실로 묶고 반으로 접는다

다 엮은 후 마무리하기
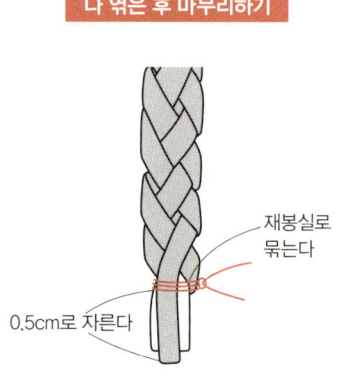
재봉실로 묶는다
0.5cm로 자른다

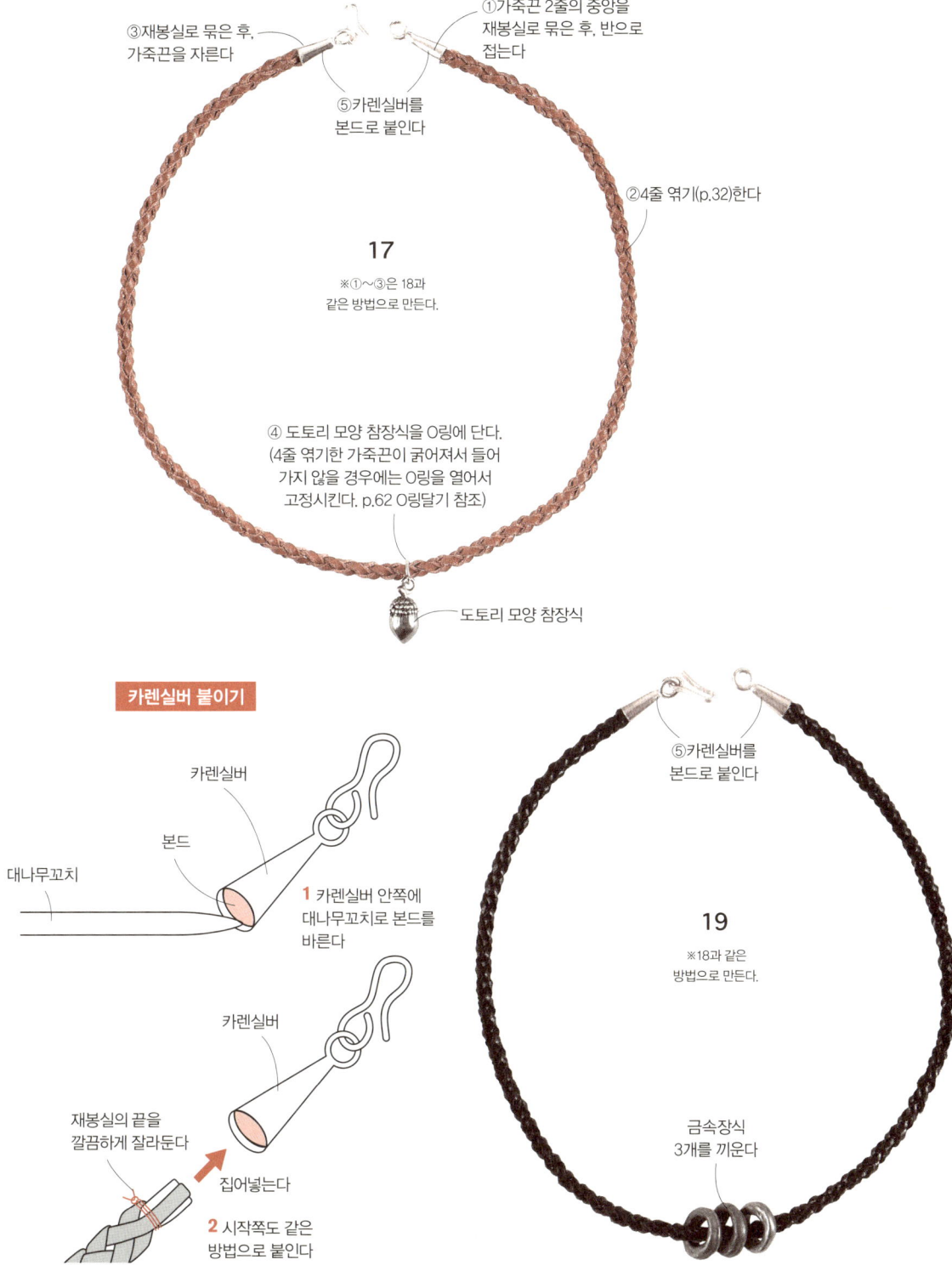

02 목걸이_ 20

● **완성 사이즈**
전체길이 약 48cm

● **재료**

20 · 버프 가죽 – 굵기 1.5mm 가죽끈
    다크레드   250cm x 1줄
                         230cm x 1줄
· 동그란 모양 금속 장식 1개
· 클로버 모양 금속 장식 1개
· 엔틱 원형 금속 장식 1개
· O링 1개
· 랍스터고리 1세트

● **만드는 법**

금속장식 달기

- ⑤의 고리
- 금속장식
- O링을 벌린다
- 금속장식
- 금속장식
- 금속장식을 끼운다
- O링을 가죽끈 2줄에 끼운 후, 꽉 닫는다

O링 달기

- O링
- 앞뒤로 밀었다 당겼다하며 열고 연결부분을 맞춰서 닫는다
- 여닫는다 → 닫는다

시작

⑨가죽끈 2줄을 모아 랍스터고리를 단다

랍스터고리

⑦사슬뜨기로 22cm의 고리를 만든다

B(가죽끈 250cm)

A(가죽끈 230cm)

③사슬뜨기로 22cm의 고리를 만든다

20

①사슬뜨기(p.46)로 46cm의 고리를 만든다 (가죽끈 230cm)

22cm

22cm

⑤고리 1개를 만든다

46cm

②가죽끈250cm에 동그란 모양 금속장식을 10개 끼운다

⑥④와 같이 고리5개를 만든다

④금속장식과 함께 고리 5개를 만든다 (53쪽의 카렌실버와 똑같은 고리만드는 법 참조)

클로버 모양 금속장식

엔틱 원형 금속장식

⑧금속장식 O링 두개로 연결하고 ⑤의 고리로 고정시킨다

02 목걸이_ 21

● **완성 사이즈**
　전체길이 약 45cm

● **재료**
　21 ・ 버프 가죽 – 굵기 1.5mm 가죽끈
　　　　내추럴 250cm x 1줄
　　・ 카렌실버 10개
　　・ 카렌실버 꽃 모양 1개
　　・ 배꼽장식클래습 1세트

● **만드는 법**

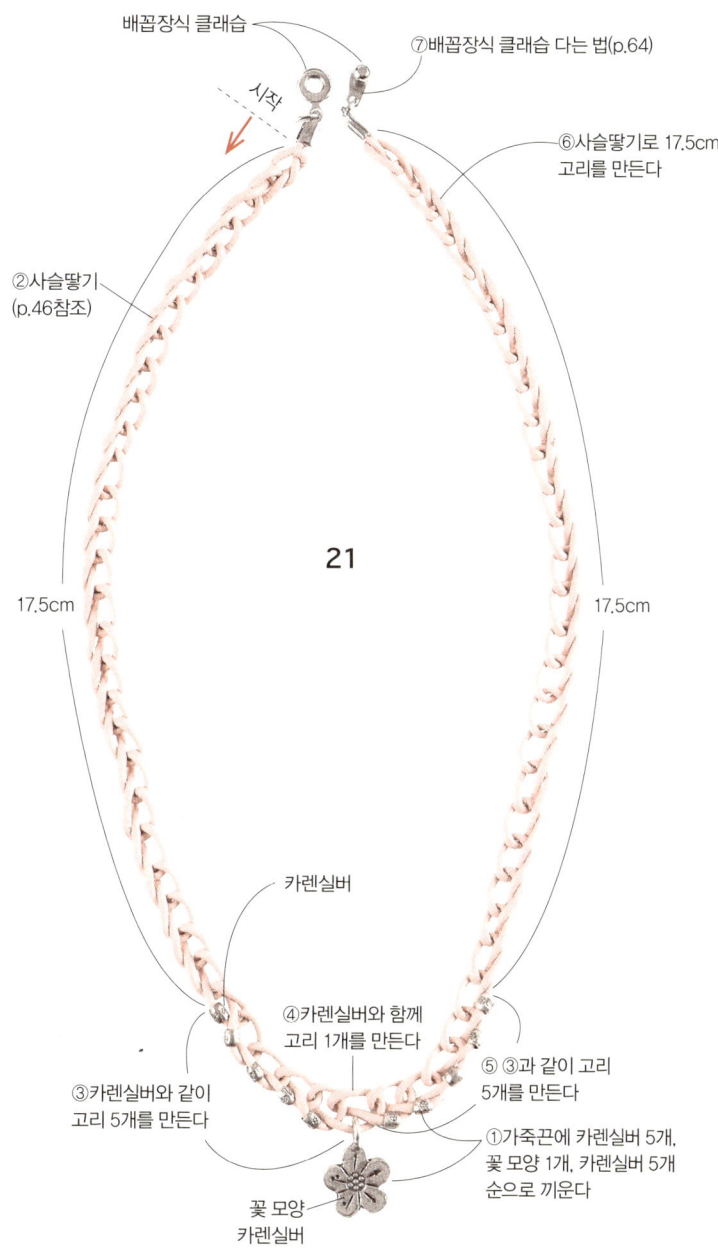

- 배꼽장식 클래습
- ⑦배꼽장식 클래습 다는 법(p.64)
- 시작
- ⑥사슬땋기로 17.5cm 고리를 만든다
- ②사슬땋기 (p.46참조)
- 17.5cm
- 17.5cm
- 21
- 카렌실버
- ④카렌실버와 함께 고리 1개를 만든다
- ⑤ ③과 같이 고리 5개를 만든다
- ③카렌실버와 같이 고리 5개를 만든다
- ①가죽끈에 카렌실버 5개, 꽃 모양 1개, 카렌실버 5개 순으로 끼운다
- 꽃 모양 카렌실버

사슬뜨기(p.46참조)

1 왼손에 걸려있는 가죽끈을 끌어낸다.

2 끌어낸 가죽끈을 탱탱하게 잡아당긴다.

배꼽장식 클래습 달기

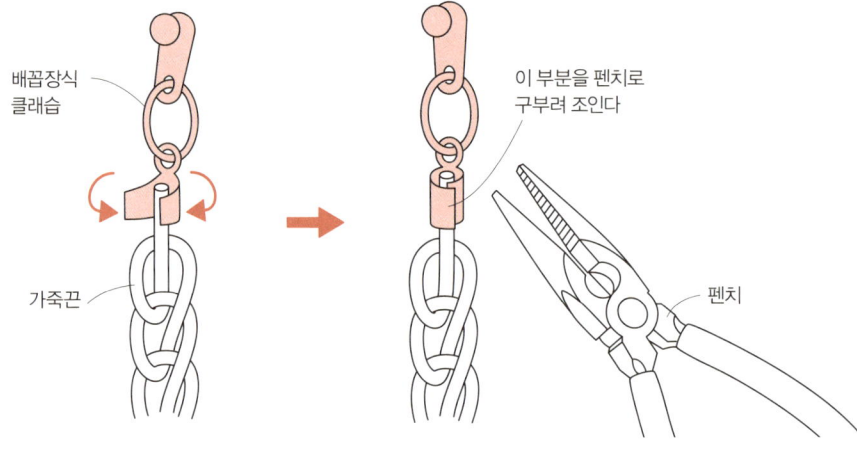

③~⑤ 카렌실버 엮어 넣기

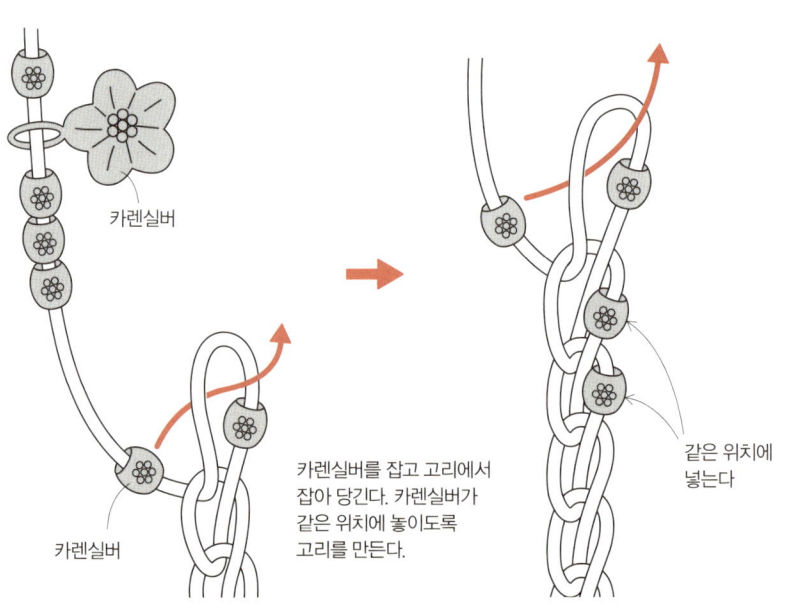

02 쵸커_ 22·23

○ **완성 사이즈**
전체길이 약 43.5cm

○ **재료**

22 · 보태니컬 가죽 – 폭 3mm 가죽끈
     브라운 110cm x 1줄
                 50cm x 1줄
· 햄프끈 퓨어　20cm x 2줄
· 금속장식 1개

23 · 보태니컬 가죽 – 폭 3mm 가죽끈
     블랙 110cm x 1줄
            50cm x 1줄
· 햄프끈 퓨어　20cm x 2줄
· 금속장식 개

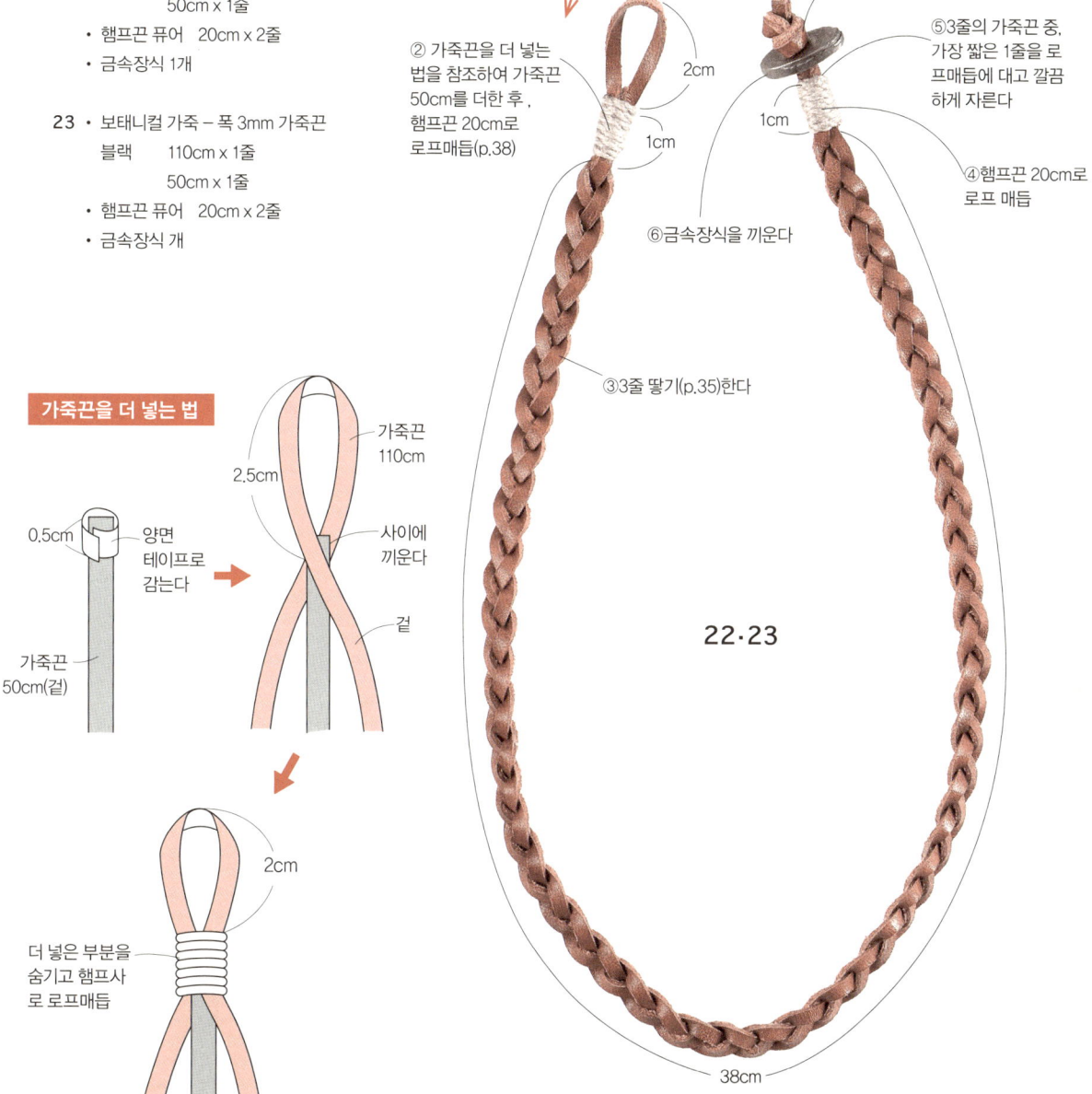

02 래리어트_24

완성 사이즈
전체길이 약 94cm

재료
- 벨루어 가죽 - 굵기 1.5mm 가죽끈 다크브라운 125cm x 4줄
- 작은 링 금속 장식 12개
- 중간 링 금속 장식 1개
- 깃털, 열쇠 등 다양한 모양의 금속장식 5개
- 비즈 3개

만드는 법

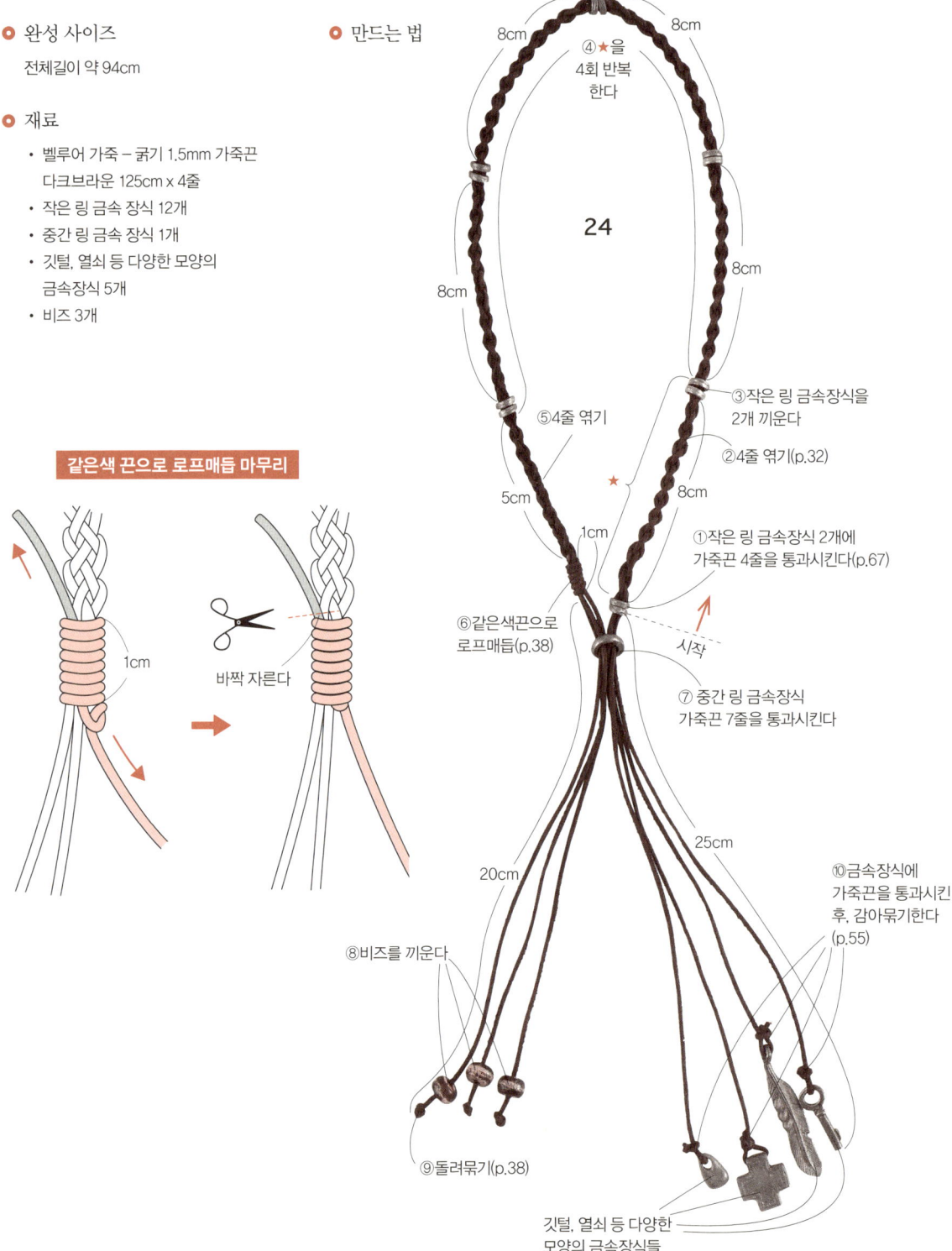

02 래리어트_25

● **완성 사이즈**
  전체길이 약 94cm

● **재료**
  - 빈티지 가죽 – 굵기 1.5cm 가죽끈
    내추럴 125cm x 4줄
  - 작은 링 금속장식 6개
  - 중간 링 금속장식 1개
  - 클로버, 십자가 등 다양한 모양의
    금속장식 4개
  - 파워스톤(8mm)
    아마존나이트 3개

● **만드는 법**

시작하기
- 가죽끈
- 30cm
- 4줄을 통과시킨다
- 금속장식 1개

금속장식 달아 감아묶기
- 가죽끈을 끼운다
- 금속장식

- 8cm
- ④★을 4회 반복한다
- 8cm
- 8cm
- 8cm
- 25
- ③ 중간 링 금속장식을 끼운다
- ② 4줄 엮기(p.32)
- ⑤ 4줄 엮기
- 5cm
- 1cm
- 8cm
- ⑥ 같은색 끈으로 로프매듭(p.81)하고 묶고난 가죽끈은 깔끔하게 잘라낸다(p.66)
- ① 작은 링 금속장식에 가죽끈 4줄을 통과시킨다
- 시작
- ⑦ 중간 링 금속장식에 가죽끈 7줄을 통과시킨다
- 금속장식
- 20cm
- 25cm
- ⑧ 파워스톤을 끼운다
- ⑩ 금속장식을 가죽끈에 달아 감아묶기한다(p.66)
- ⑪ 감아묶기매듭 부분에 본드를 발라 마무리
- ⑨ 돌려묶기(p.34)
- 클로버, 십자가 등 다양한 모양의 금속장식 4개

69

03 목걸이와 팔찌_ 26·27

● **완성 사이즈**
   26 전체길이 약 20cm
   27 전체길이 약 70cm

● **재료**
   26 · 벨루어 가죽 – 굵기 1.5mm 가죽끈
        다크브라운 120cm x 1줄
      · 작은 링 금속 장식 7개
      · 큰 링 금속 장식 1개
      · 파워스톤 잔물결타입
        로드나이트 8개

   27 · 벨루어 가죽 – 굵기 1.5mm 가죽끈
        다크브라운 150cm x 2줄
      · O링 1개
      · 금속 장식 20개
      · 파워스톤 잔물결타입
        로드나이트 18개

● **만드는 법**

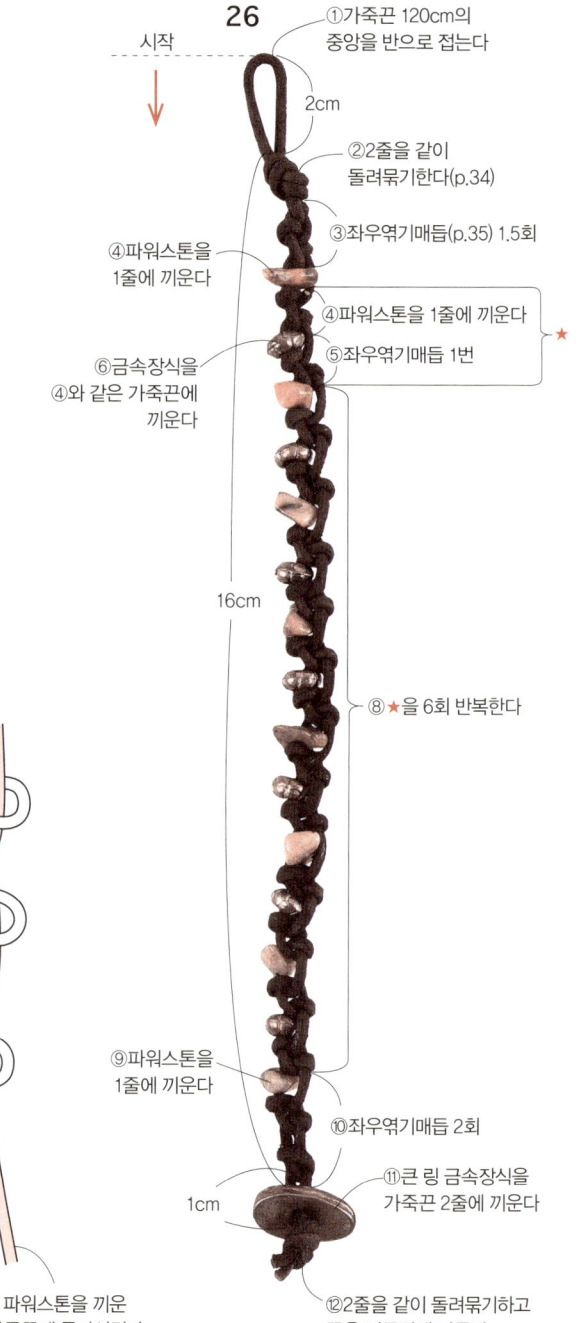

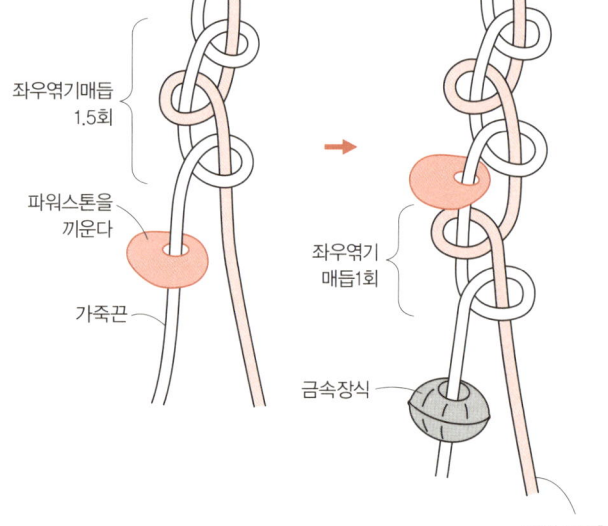

03 목걸이와 팔찌_ 28, 29

● 완성 사이즈
- 28 전체길이 약 72cm
- 29 전체길이 약 18cm(금속장식 제외)

● 재료
- 28 • 벨루어 가죽 – 굵기 1.5mm 가죽끈
  블랙 80cm x 1줄
  햄프사끈 퓨어 20cm x1줄
  10cm x 1줄
  • 금속장식(AC492) 1개

- 29 • 벨루어 가죽 – 굵기 1.5mm 가죽끈
  블랙 60cm x 1줄
  햄프끈 퓨어 20cm x 4줄
  • 금속장식 20개
  • 금속장식 1개

● 만드는 법

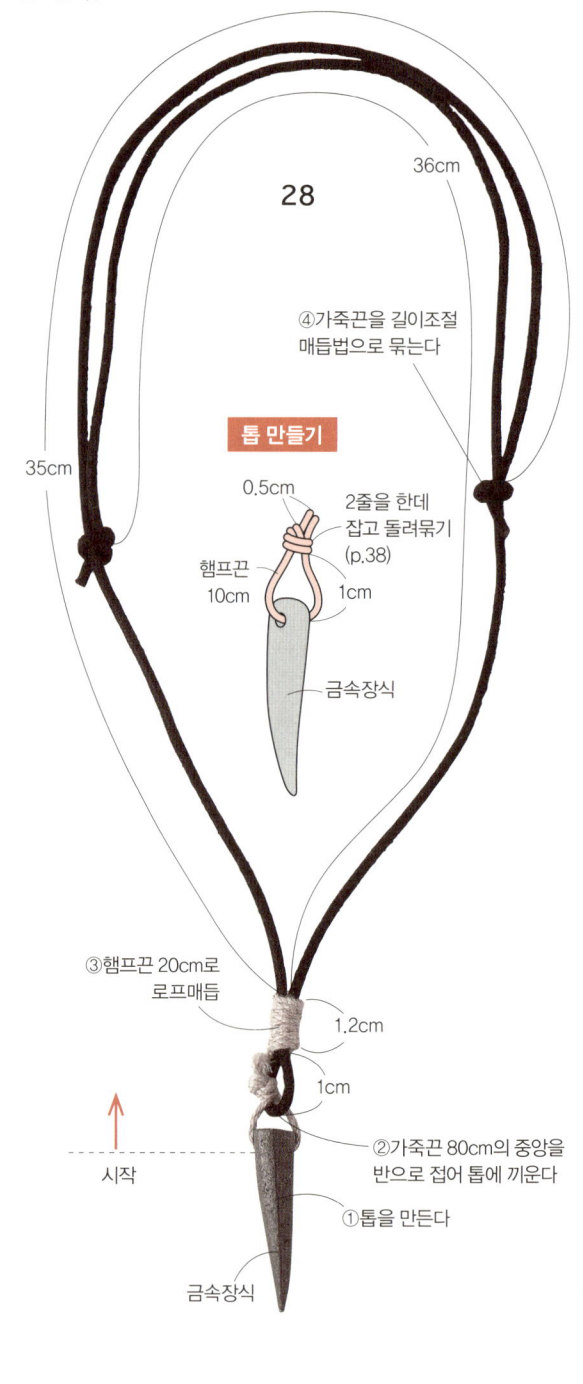

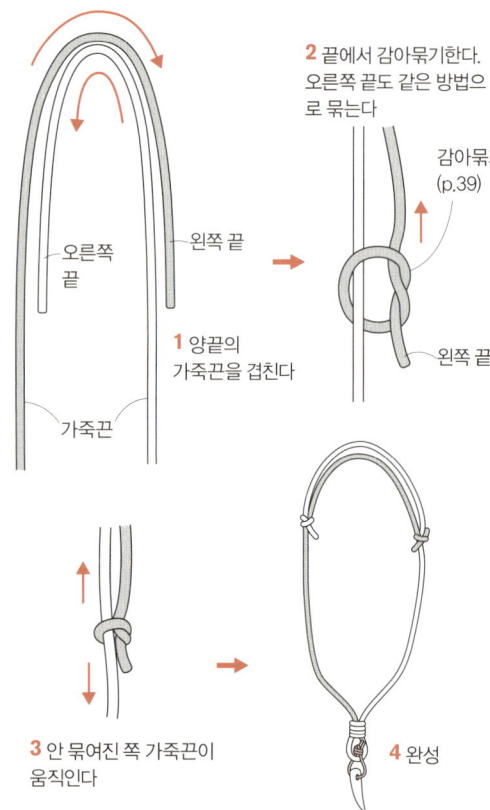

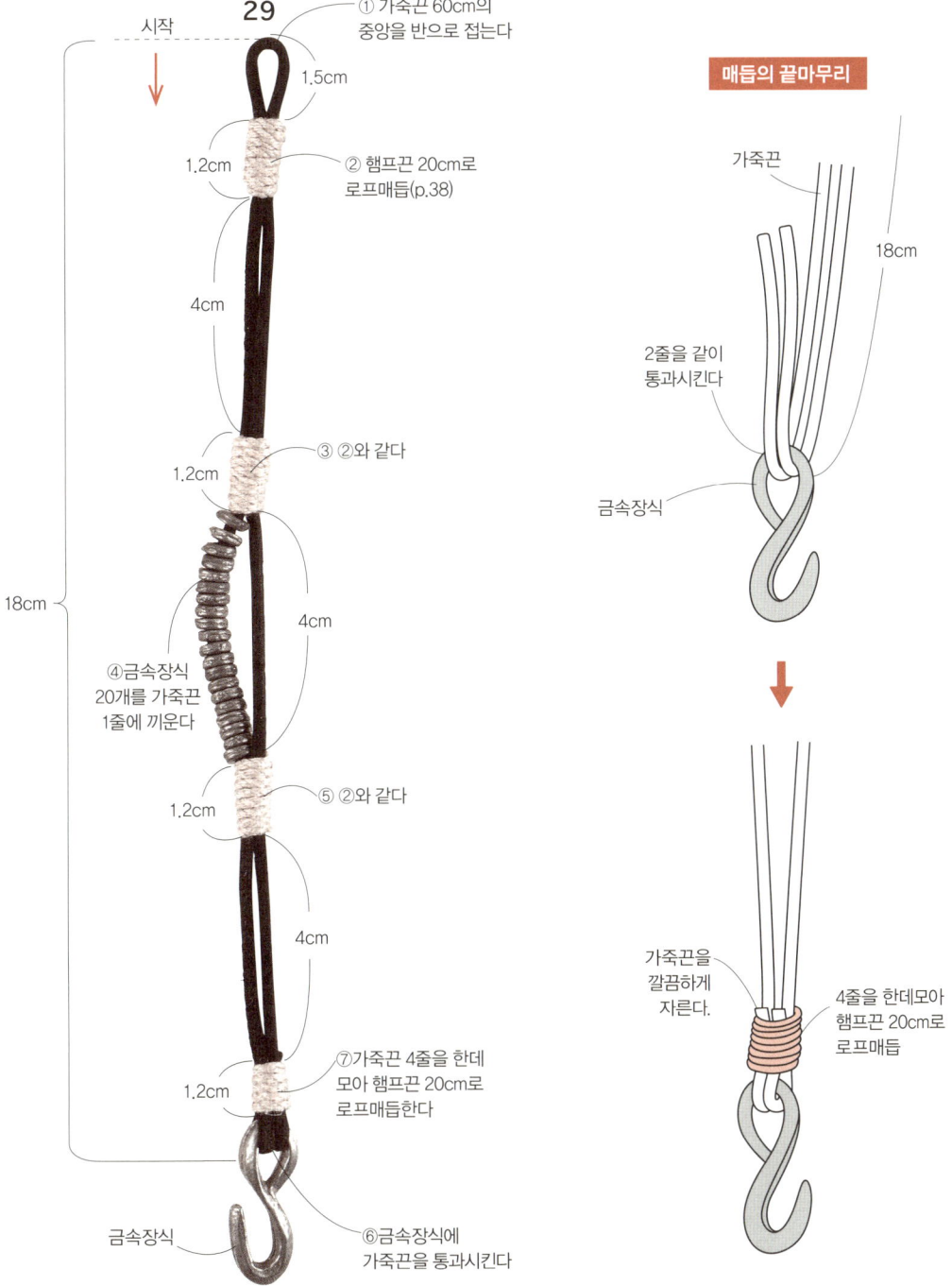

03 목걸이와 팔찌_ 30, 31

● 완성 사이즈
- 30 전체길이 약 22cm
- 31 전체길이 약 61cm

● 재료
30
- 보태니컬 가죽 – 굵기 2mm 가죽끈
  - 내추럴 140cm × 2줄
  - 20cm × 2줄
- 금속장식 1개
- 금속장식 1개
- O링 1개

30
- 보태니컬 가죽 – 굵기 2mm 가죽끈
  - 내추럴 300cm × 2줄
  - 20cm × 2줄
- 금속장식 1개
- 금속장식 1개
- O링 1개

● 만드는 법

시작하기(30,31공통)

블독크립
가죽끈
30은 140cm × 2줄
31은 300cm × 2줄의 가운데를 반으로 접는다
블독크립으로 끝을 고정시킨다
겉
안
안

30–46cm
31–125cm
4줄 엮기
엮기가 끝나면 재봉실이나 테이프로 고정시킨다

돌려묶기 마무리

매듭 가까이에서 깔끔하게 자른다
돌려묶기
금속장식
※매듭에 본드를 발라주면 더 단단히 고정된다.

반으로 접기

③의 매듭
금속장식 1cm
21cm
20cm
4줄엮기
반으로 접는다

로프 매듭 마무리

로프 매듭 가까이 대고 자른다.

30
시작
③끝을 돌려묶기한다 (p.38)
②금속장식을 끼운다
1cm
0.8cm
⑤가죽끈 20cm 로프매듭 (p.38)
①가죽끈 140cm 2줄의 중앙을 반으로 접어 4줄엮기(p.32)로 46cm 엮는다
21cm
O링
금속장식
⑦금속장식에 O링을 끼워 가죽끈에 고정시킨다 (O링 다는 법은 62쪽 참조)
⑥ ⑤와 같은 방법으로 한다
0.8cm
2cm
④반으로 접는다

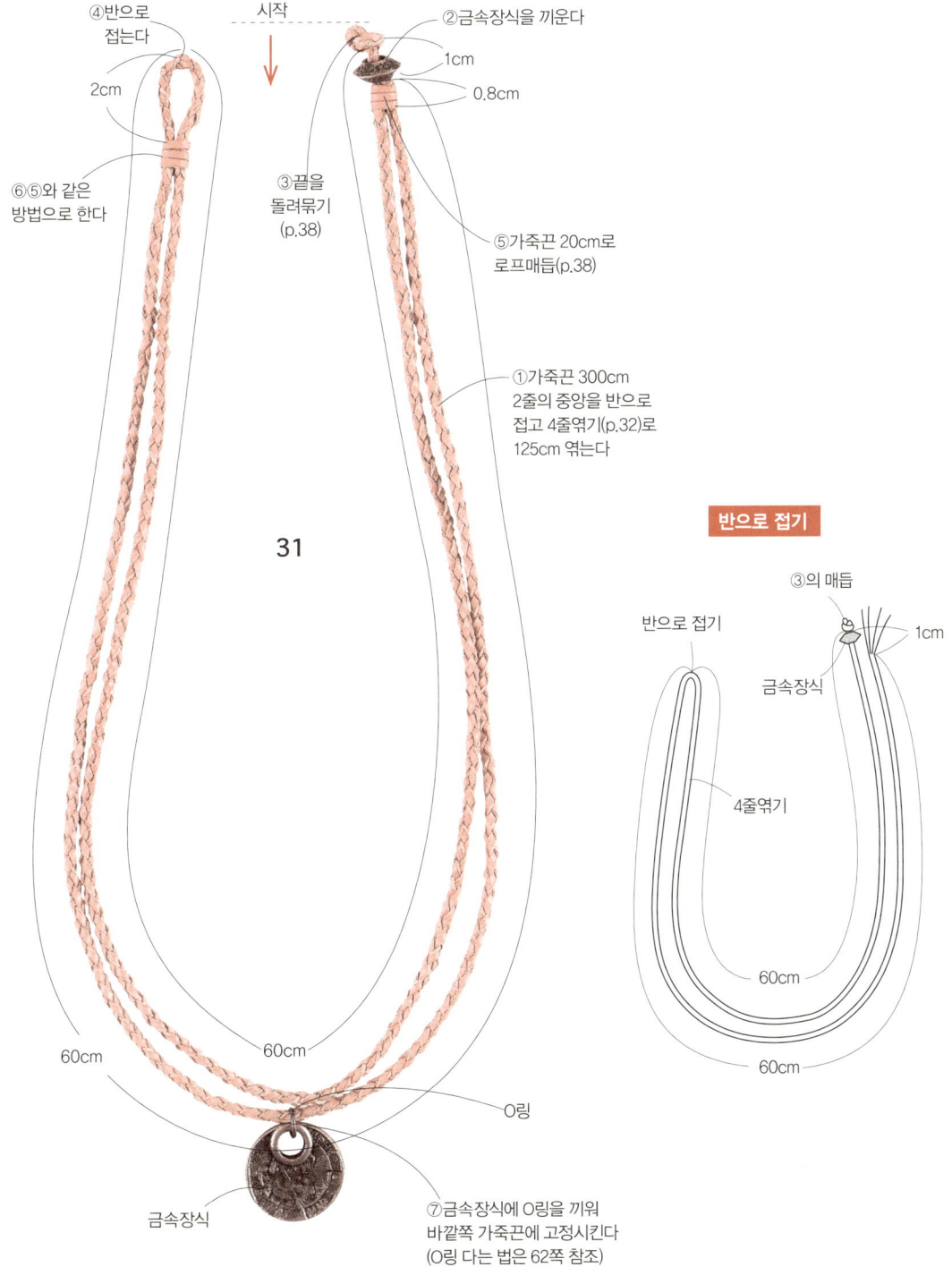

| 04 | 지갑 체인_ **32·33**

● 완성 사이즈

(32·33 공통) 전체길이 약 65cm
(금속부분 제외)

● 재료

32 • 보태니컬 가죽 – 폭 5mm 가죽끈
   내추럴 200cm x 2줄
  • 키링 1개
  • 랍스터고리 1개

33 • 보태니컬 가죽 – 폭 5mm 가죽끈
   그린 200cm x 1줄
   화이트 200cm x 1줄
  • 키링 1개
  • 랍스터고리 1개

● 만드는 법

32, 33

③랍스터고리에 가죽끈 2줄을 통과시켜 사각 접기매듭(p.42)

④기둥끈 넣은 4줄 둥근접이 매듭(p.43)

랍스터고리

키링

시작

①키링에 가죽끈 2줄을 통과시켜 중앙에서 반으로 접는다

②4줄 엮기

32
※p.30ⓐ와 같은 방법으로 시작한다.

33
※p.30ⓑ와 같은 방법으로 시작한다.

65cm

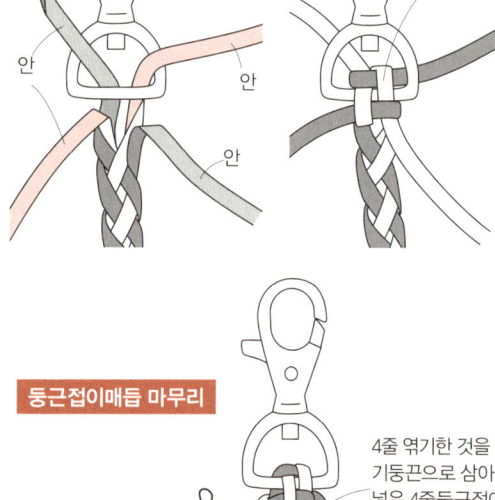

시작하기(30·31공통)

랍스터고리 / 안 / 안 / 안 / 사각 접기매듭

둥근접이매듭 마무리

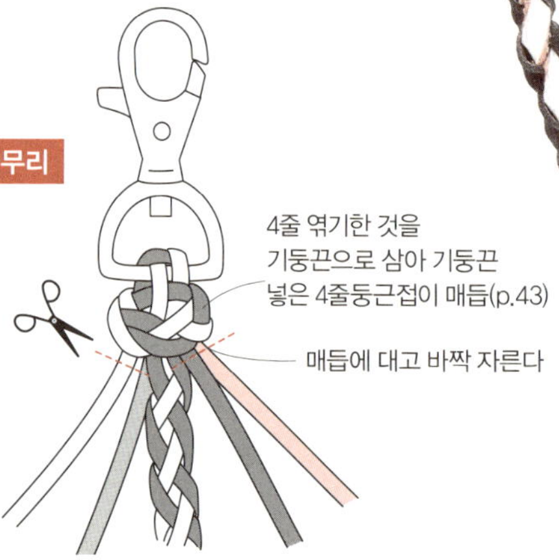

4줄 엮기한 것을 기둥끈으로 삼아 기둥끈 넣은 4줄둥근접이 매듭(p.43)

매듭에 대고 바짝 자른다

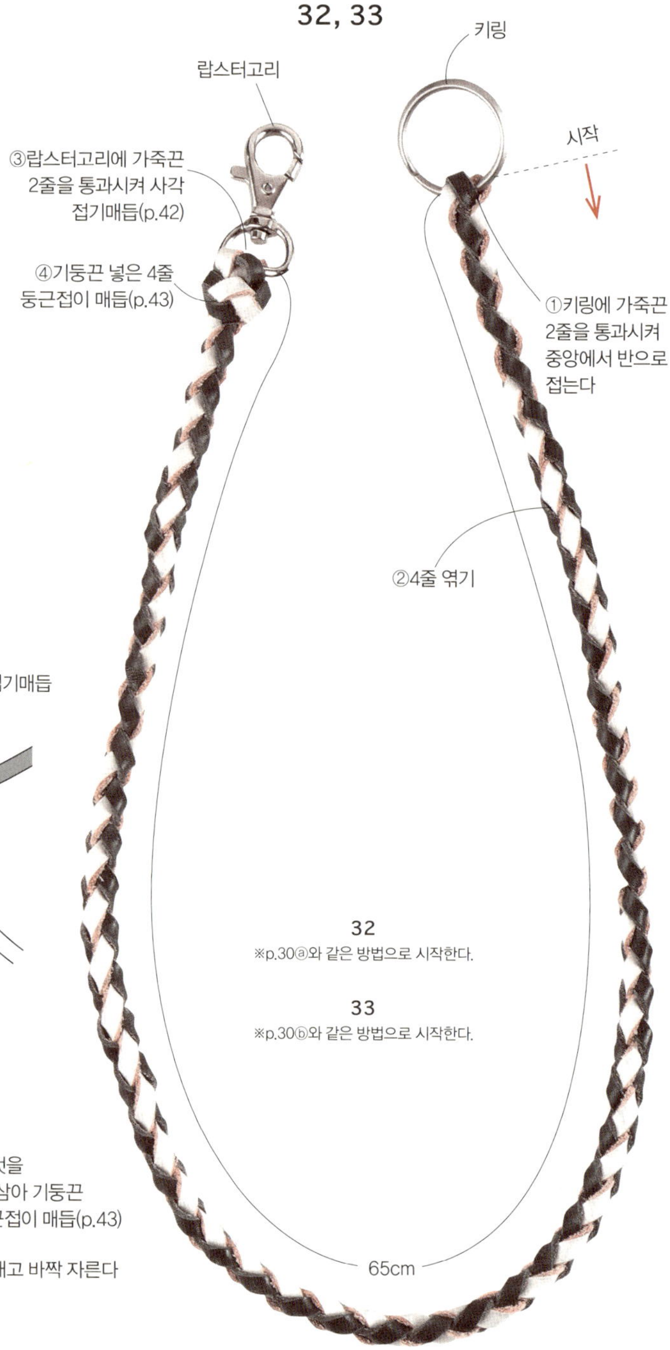

05 벨트_ 34

- **완성 사이즈**
  전체길이 약 173cm

- **재료**
  - 빈티지 가죽 – 굵기 2.0mm 가죽끈 다크브라운 200cm x 6줄
  - 햄프끈 퓨어 30cm x 2줄

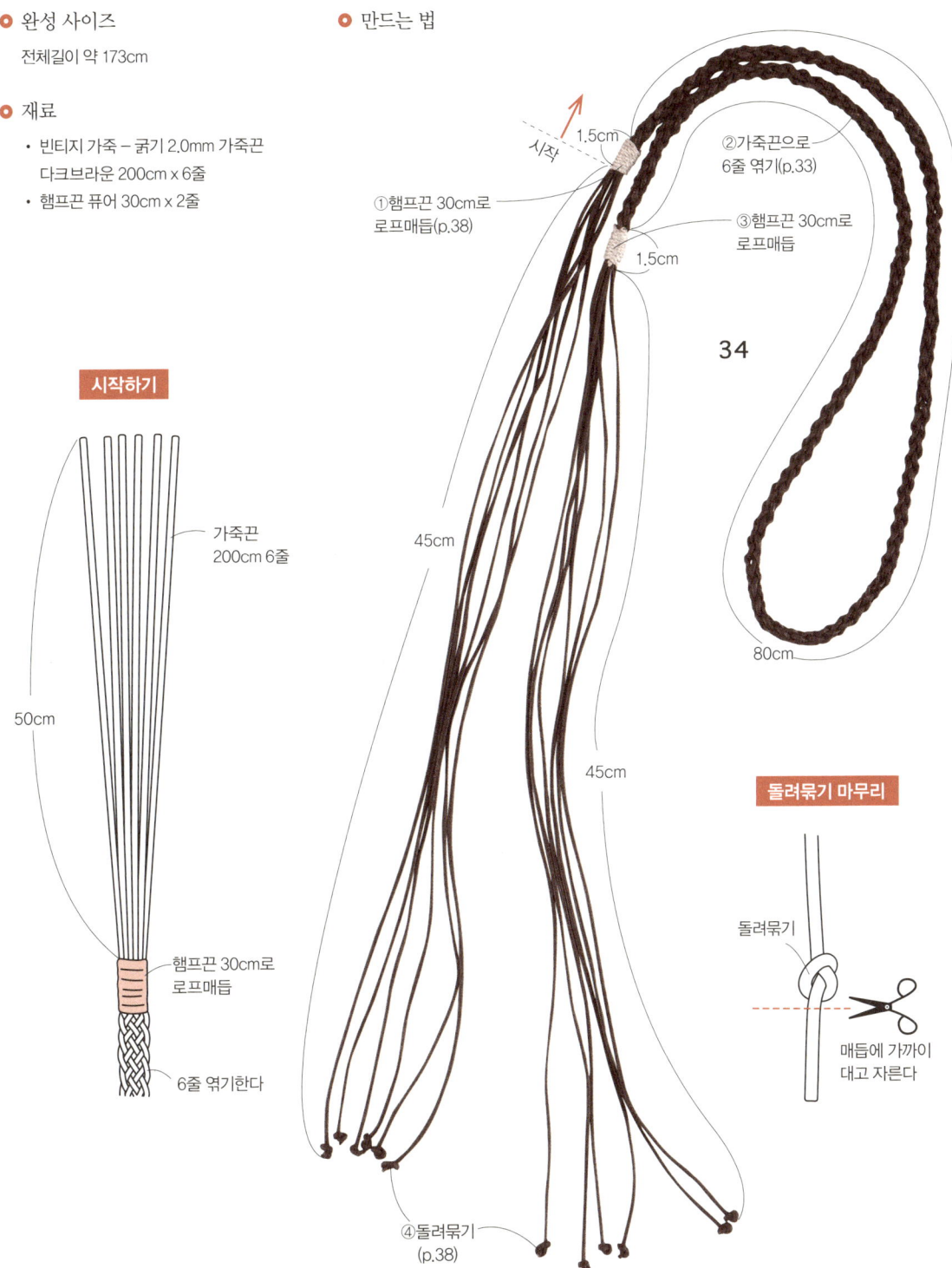

06 넥홀더_ 35

- **완성 사이즈**
  전체길이 약 86cm(금속부분 제외)

- **재료**
  - 버프 가죽 – 굵기 1.5mm 가죽끈 블랙 125cm x 2줄
  - 햄프사끈 퓨어 20cm x 1줄
  - 햄프끈 비즈 퓨어 흑색 3개
  - 금속장식 1개
  - 휴대폰고리 1개

- **만드는 법**

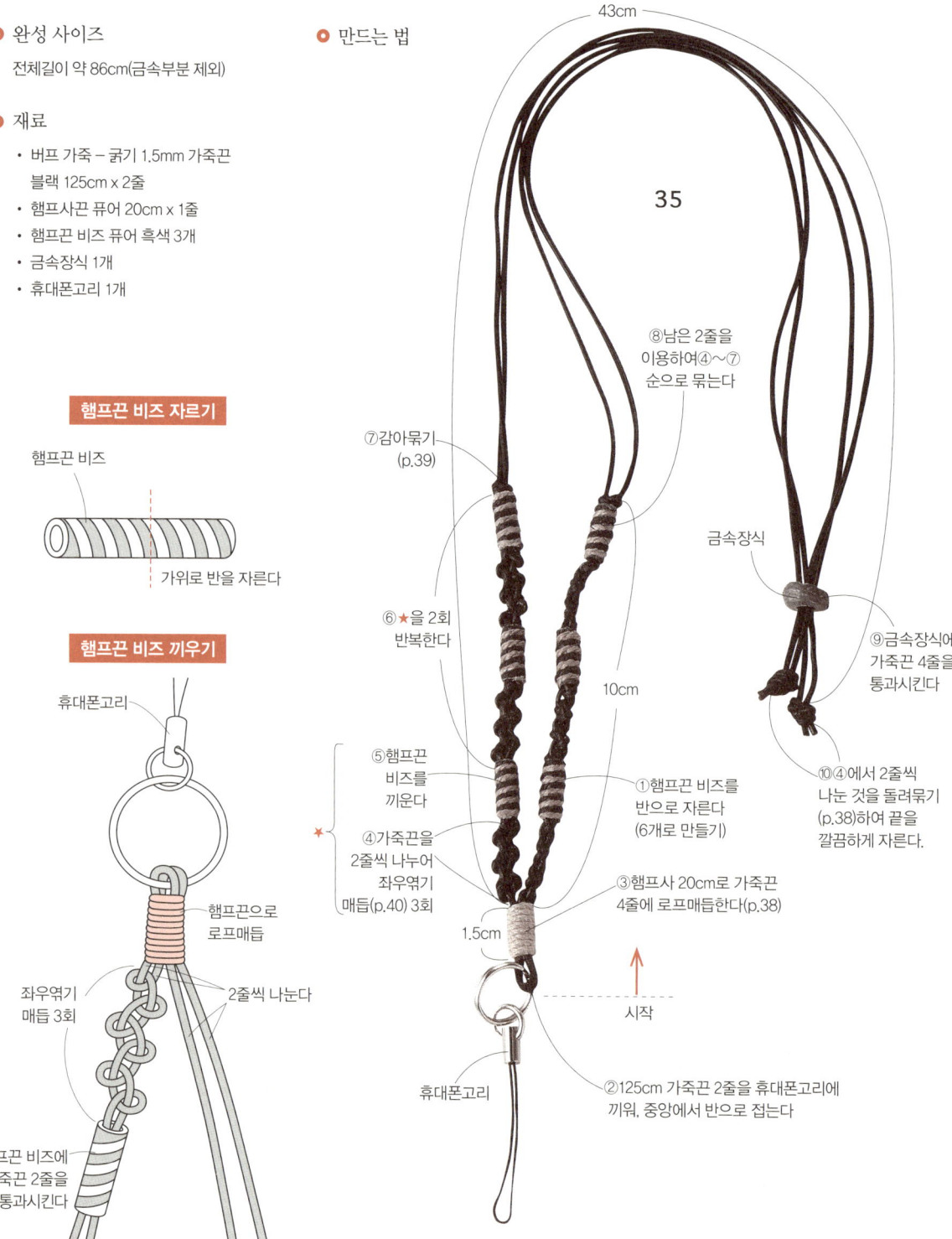

07 열쇠고리 _ 36, 37

● 완성 사이즈
36 전체길이 약15cm
37 전체길이 약16.5cm

● 재료
- 보태니컬 가죽 – 폭 5mm 가죽끈
  블랙 50cm x 1줄
  화이트 50cm x 1줄
- 키링 1개

● 만드는 법

36 / **37**

키링

시작

①키링에 가죽끈 2줄을 통과시켜 중앙에서 반으로 접는다

②4줄 엮기 (p.32)

8cm / 9cm

③4줄 동근접이 매듭

5.5cm / 6cm

④끝을 비스듬히 자른다

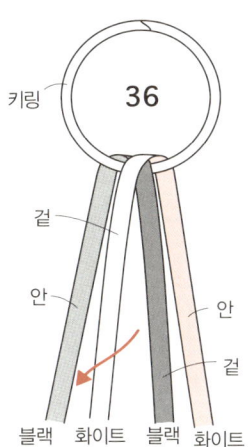

시작하기

36

키링
겉 / 안 / 안 / 겉
블랙 화이트 블랙 화이트

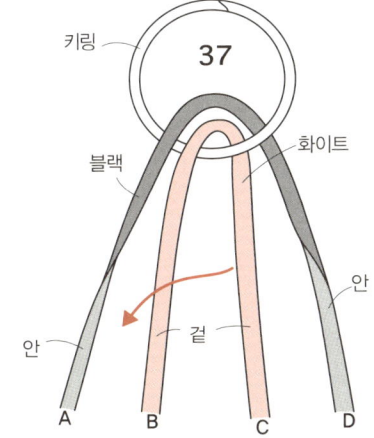

37

키링
블랙 / 화이트
안 / 겉 / 안
A B C D

07 열쇠고리_ 38, 39

● 완성 사이즈
- 38 전체길이 약 10.5cm
- 39 전체길이 약 11cm

● 재료
- 38 • 벨루어 가죽 – 굵기 1.5mm 가죽끈
  다크브라운 80cm x 1줄
  　　　　　 20cm x 1줄
  • 금속장식 2개
  • 금속장식 1개
  • 비즈 3개
  • 키링 1개

- 39 • 빈티지 가죽 – 굵기 1.5mm 가죽끈
  내추럴　80cm x 1줄
  　　　　20cm x 1줄
  • 금속장식 2개
  • 금속장식 1개
  • 비즈 3개
  • 키링 1개

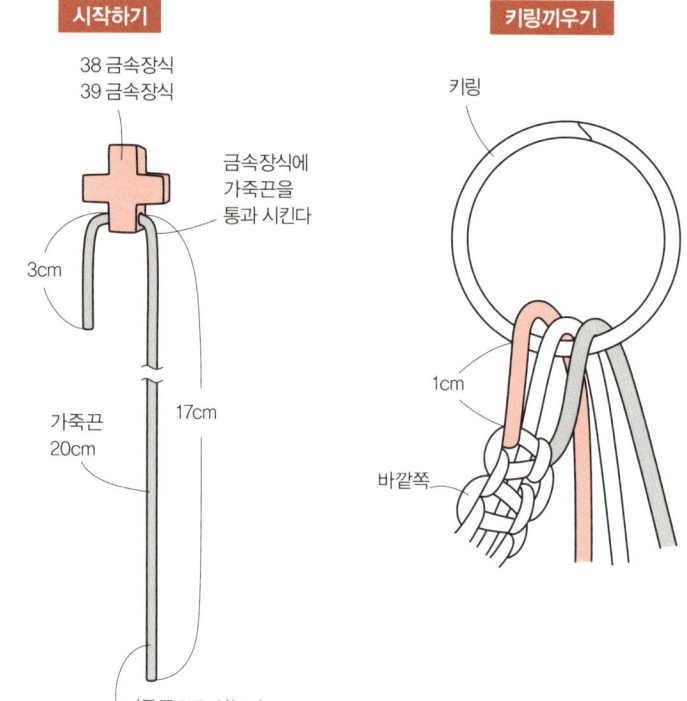

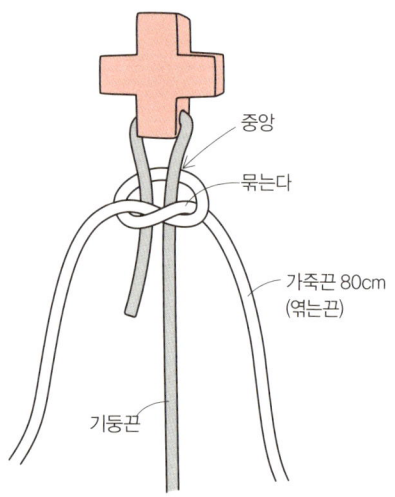

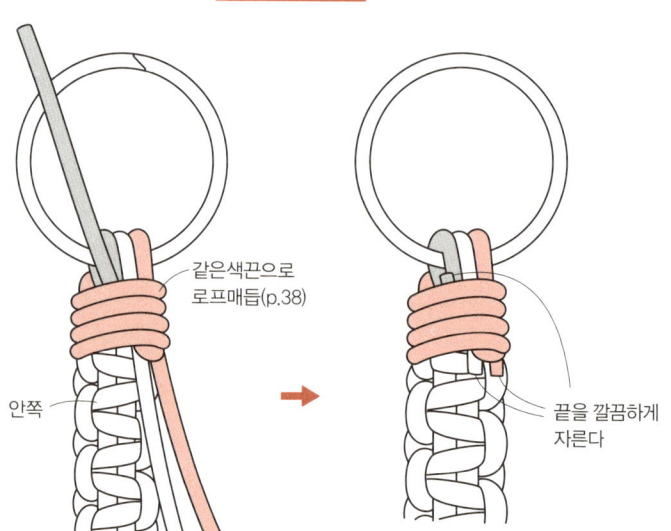

○ 만드는 법

07 키홀더_ 40·41

● 완성 사이즈
(40·41공통)전체길이 약 10cm
(금속장식 제외)

● 재료
40 • 보태니컬 가죽 – 폭 2mm 가죽끈
    내추럴 50cm x 3줄
           20cm x 1줄
  • 금속장식 2개
  • 키홀더부품 1개

41 • 보태니컬 가죽 – 폭 2mm 가죽끈
    그린   50cm x 3줄
           20cm x 1줄
  • 키홀더부품 1개

● 만드는 법

6줄 땋기

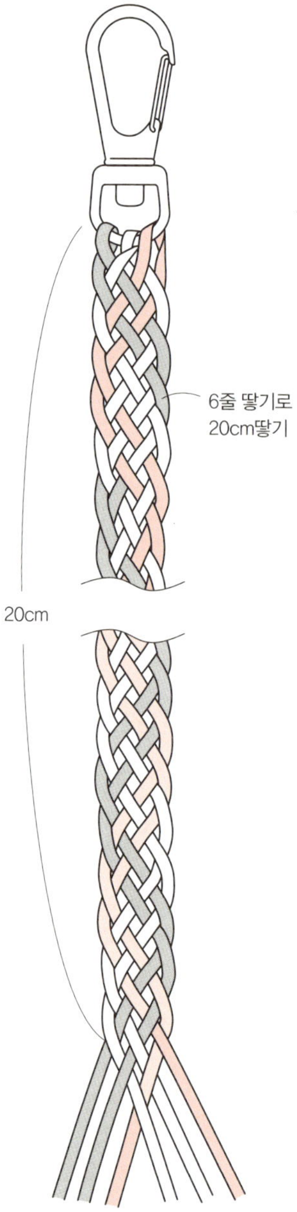

6줄 땋기로 20cm땋기

20cm

40·41 공통

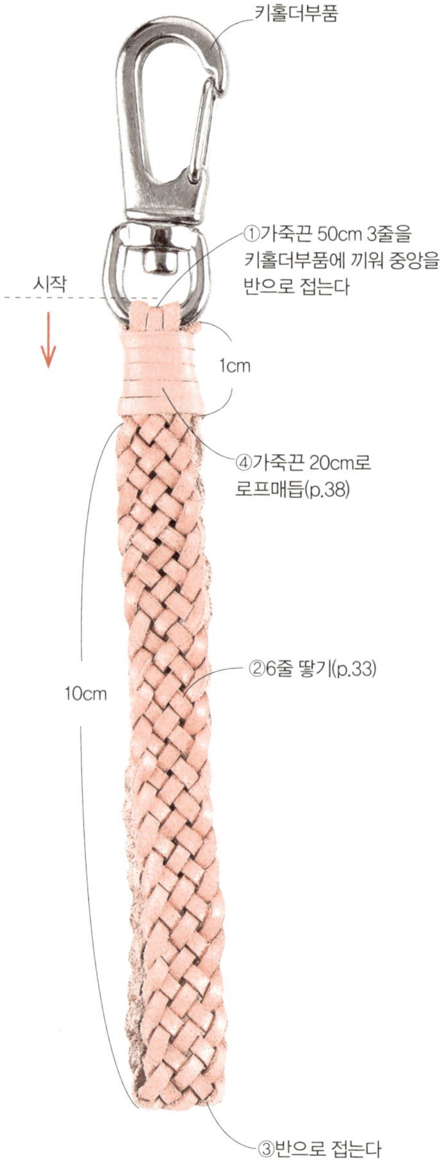

키홀더부품

①가죽끈 50cm 3줄을 키홀더부품에 끼워 중앙을 반으로 접는다

시작

1cm

④가죽끈 20cm로 로프매듭(p.38)

②6줄 땋기(p.33)

10cm

③반으로 접는다

가죽끈 80cm 묶기

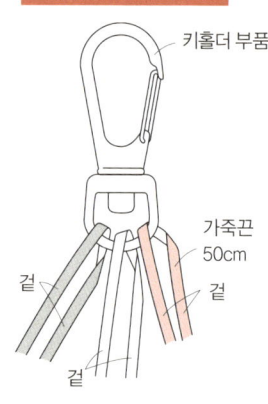

키홀더 부품
가죽끈 50cm
겉 / 겉 / 겉

로프매듭의 마무리

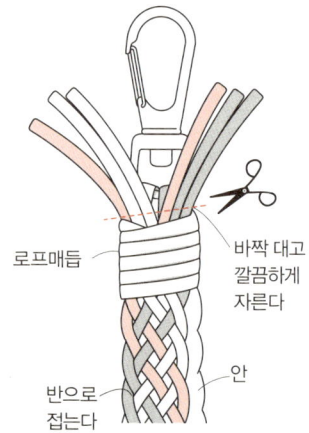

로프매듭
바짝 대고 깔끔하게 자른다
반으로 접는다
안

| 07 | 키홀더_ 42·43

● 완성 사이즈
(42·43 공통) 전체길이 약 13m
(금속부분 제외)

● 재료
42 · 보태니컬 가죽 – 폭 3m 가죽끈
  블랙 45cm x 4줄
  · 키홀더부품 1개

43 · 보태니컬 가죽 – 폭 3mm 가죽끈
  브라운 45cm x 2줄
  레드 45cm x 2줄
  · 키홀더부품 1개

● 만드는 법

시작하기

45cm 가죽끈 4줄
8cm 남긴다
테이프 또는 블독클립으로 고정한다
4줄 땋기
13cm
레드 레드
브라운 브라운

42·43

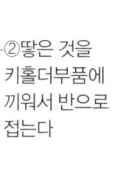

※ 43과 같은 방법으로 시작한다.

②땋은 것을 키홀더부품에 끼워서 반으로 접는다

6.5cm

①4줄 땋기(p.35)

42–블랙 4줄
43–브라운 2줄
  레드 2줄로 땋는다

③43은 브라운으로 같은색 끈으로 로프매듭(42는 가장 길게 남은 1줄로 묶는다)

1.5cm

5cm

④끝을 맞춰 잘라 정리한다

시작

같은색 끈으로 로프 매듭

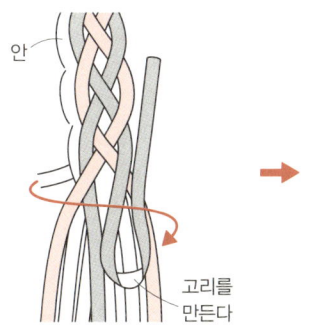

안
고리를 만든다

1 땋기 시작한 쪽의 가죽끈 1줄(43은 브라운)로 고리를 만들고 다 땋은 쪽 가죽끈 1줄(43은 브라운)을 가지고 위에서 아래로 감는다.

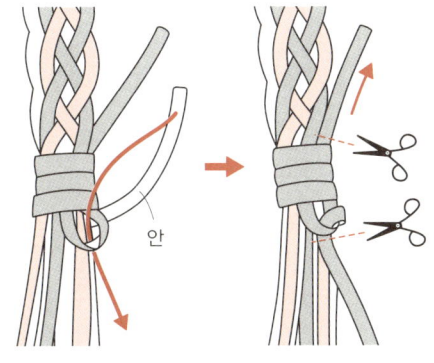

안

2 감은 가죽끈을 고리로 통과시킨다.

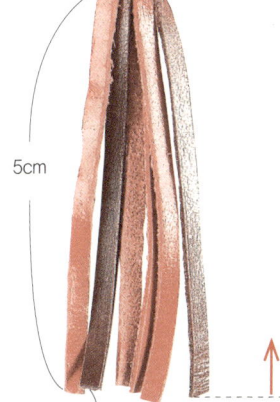

3 화살표와 같이 위로 가죽끈을 잡아당기면 아래 부분의 고리가 감은 끈 속으로 들어가며 고정된다. 끝은 깔끔하게 자른다.

07 스트랩_ 44·45·46·47

● 완성 사이즈
- **44** 전체길이 약 10cm
- **45** 전체길이 약 9cm
- **46·47** 전체길이 약 7cm
  (금속부분 제외)

● 재료
- **44** • 보태니컬 가죽 – 폭 2mm 가죽끈
    내추럴　60cm x 2줄
    　　　　20cm x 1줄
  - 가죽 태그[클로버 모양]
    내추럴 1개
  - O링 1개
  - 휴대폰고리 1개

- **45** • 보태니컬 가죽 – 폭 2mm 가죽끈
    브라운　60cm x 2줄
    　　　　20cm x 1줄
  - 금속장식 2개
  - O링 1개
  - 휴대폰고리 1개

- **46** • 보태니컬 가죽 – 폭 2mm 가죽끈
    그린　　60cm x 2줄
    　　　　20cm x 1줄
  - 휴대폰고리 1개

- **47** • 보태니컬 가죽 – 폭 2mm 가죽끈
    화이트　60cm x 2줄
    　　　　20cm x 1줄
  - 휴대폰고리 1개

● 만드는 법

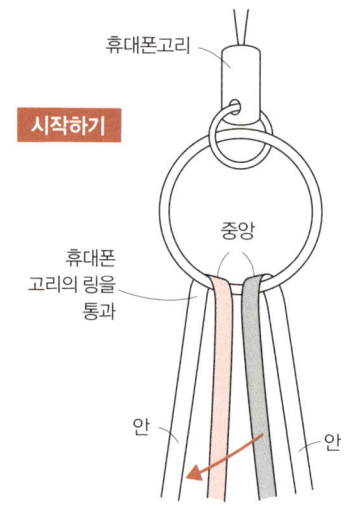

시작하기

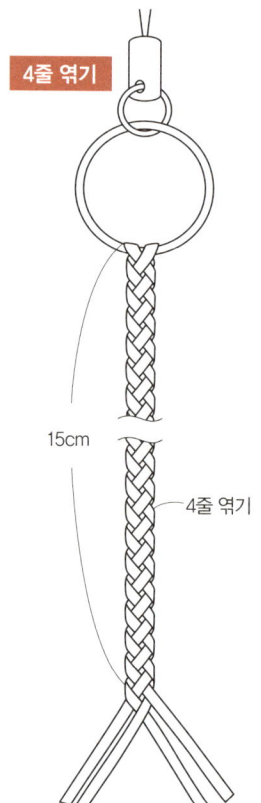

4줄 엮기

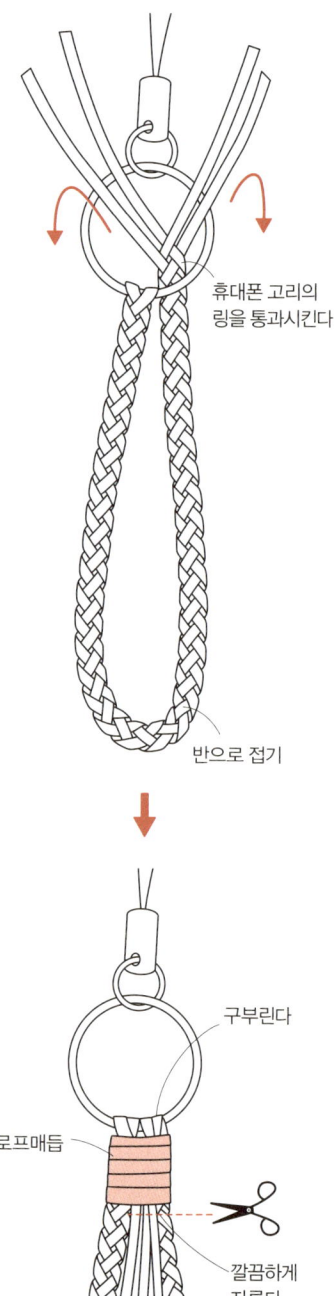

로프매듭 마무리법

44
① 
④
⑤ 가죽 태그를 O링을 이용해 4줄엮기 한 가죽끈에 고정시킨다 (45와 같은 방법)
③
O링
가죽 태그

45
①
④
②
⑤ 가죽태그를 O링을 이용해 4줄엮기 한 가죽끈에 고정시킨다 (45와 같은 방법)
③
O링
금속장식
금속장식

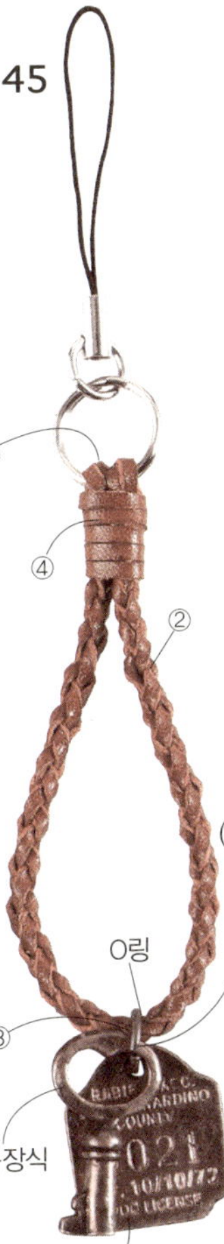

46
④ 가죽끈 20cm로 로프매듭(p.38)
① 가죽끈 60cm 2줄을 휴대폰고리에 끼워, 중앙에서 둘로 접는다.
시작
1cm
② 4줄 엮기(p.32)
15cm
③ 반으로 접는다

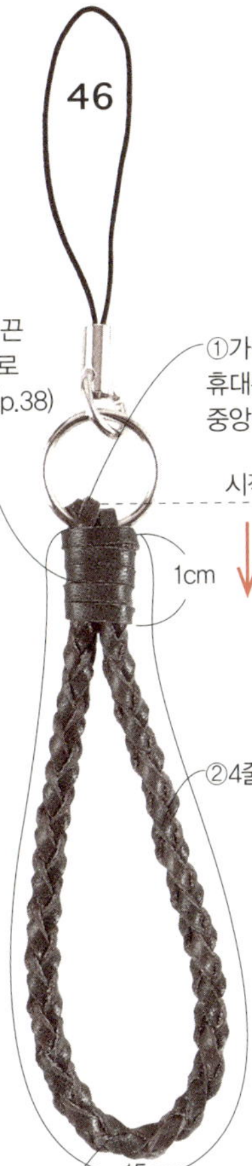

47
※ 46과 같은 방법으로 시작한다.

O링 고정법

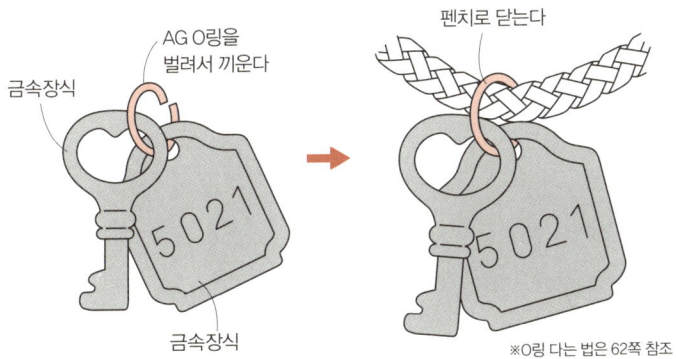

금속장식
AG O링을 벌려서 끼운다
금속장식
5021

펜치로 닫는다
5021
※ O링 다는 법은 62쪽 참조

07 스트랩_ 48·49

완성 사이즈
- 48 전체길이 약 12.5cm
- 49 전체길이 약 13cm

재료
- 48
  - 버프 가죽 – 굵기 1.5mm 가죽끈 다크레드 60cm x 2줄
  - 금속 장식 2개
  - 강아지 모양 참장식 1개
  - 휴대폰줄 1개
- 48
  - 버프 가죽 – 굵기 1.5mm 가죽끈 다크그린 60cm x 2줄
  - 금속 장식 2개
  - 무당벌레 모양 참장식 1개
  - 휴대폰줄 1개

만드는 법

48
- 휴대폰줄
- ④가죽끈을 금속장식에 통과시킨다
- 11.5cm
- ③4줄 엮기(p.32)
- ②가죽끈을 2줄씩 금속장식에 통과시킨다
- 금속장식
- 시작
- 1cm
- 강아지 모양 참장식
- ①가죽끈을 참장식에 통과시켜 중앙에서 반으로 접는다

49
※48과 같은 방법으로 만든다.
- 1.5cm
- 무당벌레 모양 참장식

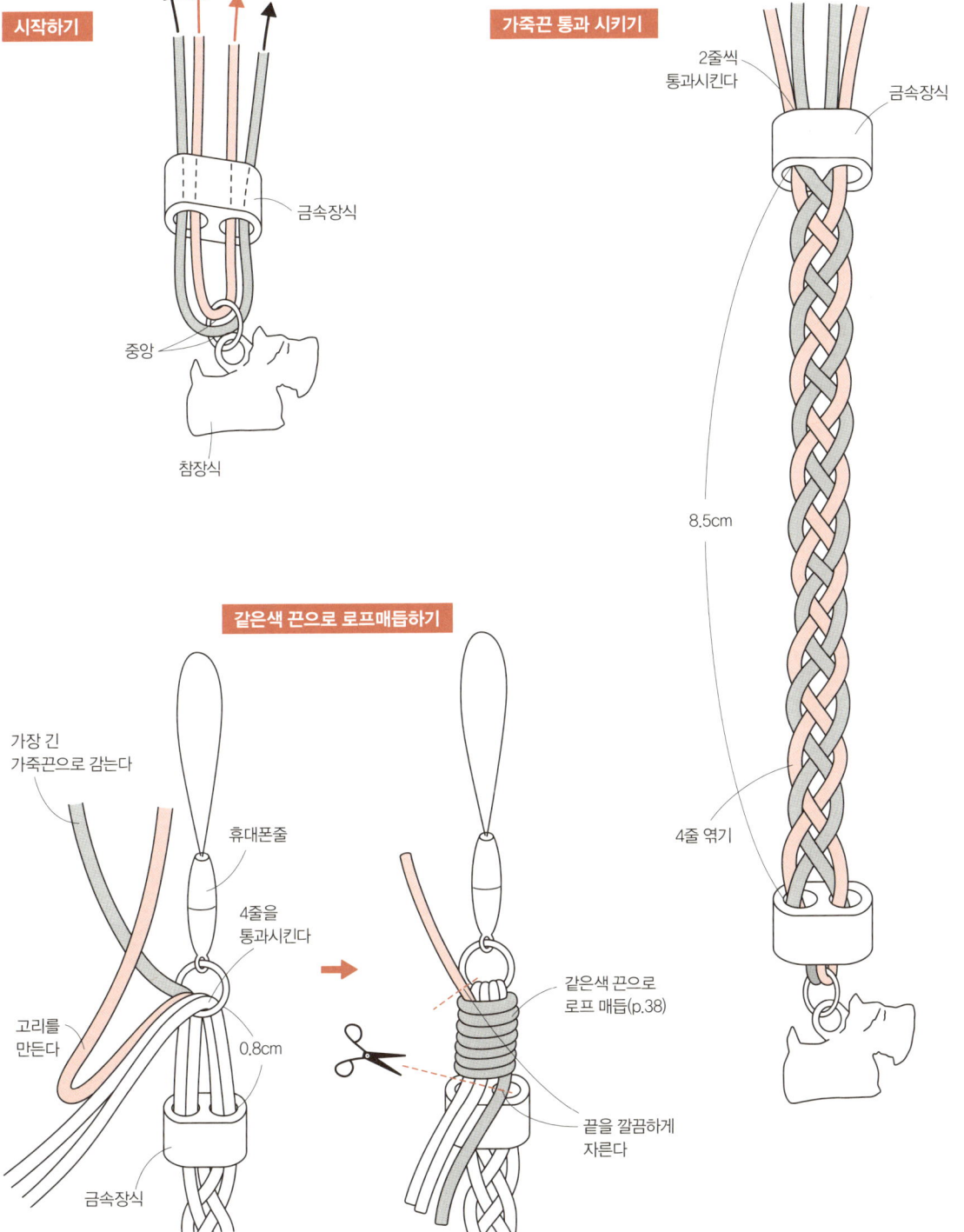

07 스트랩_ 50·51

● 완성 사이즈
(50·51공통) 전체길이 약 9cm
(금속부분 제외)

● 재료
50 • 보태니컬 가죽 - 폭 3mm 가죽끈
　　　블랙 60cm x 2줄
　• 금속장식 2개
　• 휴대폰고리 1개

50 • 보태니컬 가죽 - 폭 3mm 가죽끈
　　　레드 60cm x 2줄
　• 금속장식 2개
　• 휴대폰고리 1개

● 만드는 법

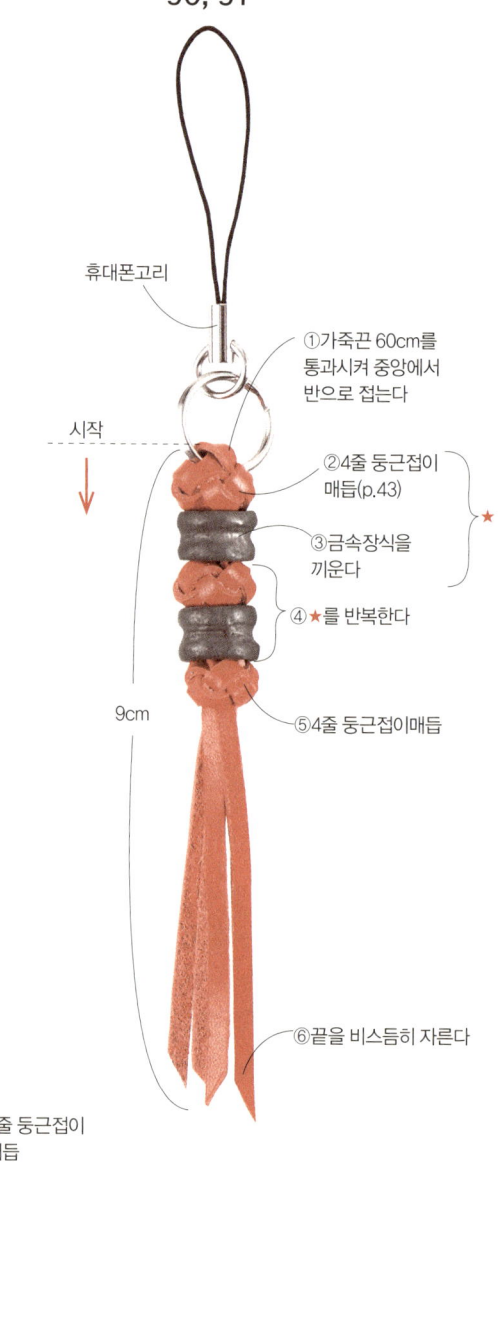

50, 51

휴대폰고리

시작

①가죽끈 60cm를 통과시켜 중앙에서 반으로 접는다
②4줄 둥근접이 매듭(p.43)
③금속장식을 끼운다
④★를 반복한다
⑤4줄 둥근접이매듭
9cm
⑥끝을 비스듬히 자른다

시작하기

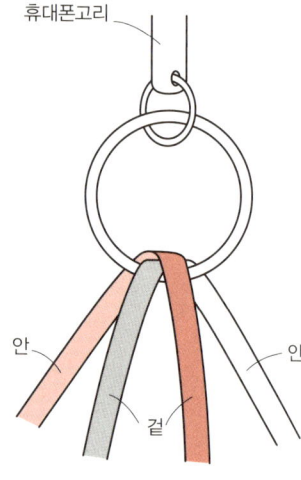

휴대폰고리
안 / 겉 / 안

금속장식 끼우기

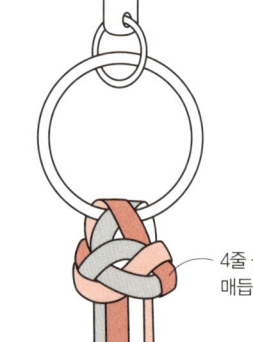

4줄 둥근접이 매듭
금속장식